CANARIAS

Turismo Rural y Aventura

Jordi Bastart

CANARIAS. Turismo Rural y Aventura

Diseño de cubierta: I.D.E.M., s.l.

Fotografías: Jordi Bastart

Diseño y realización: I.D.E.M., s.l.

Agradecemos la colaboración de las distintas asociaciones de turismo rural englobados en ACANTUR, así como a la Federación de Empresarios Turísticos de Lanzarote (AETUR) y el Patronato de Turismo de Gran Canaria en su departamento dedicado al turismo rural. También queremos dar las gracias a Paradores de Turismo de España por las facilidades planteadas. Asimismo agradecemos la aportación realizada por la periodista Ana Montserrat en el capítulo dedicado a la historia de Canarias, por Juan Benítez de NorOeste en cuanto a las rutas con fotos de La Palma y al Patronato de Turismo de El Hierro por algunas de las imágenes.

ISBN: 84-329-1562-9

Fotolitos: Aura Digit

Depósito legal: B. 14.132-1999

Industria Gráfica Domingo, S.A.

Impreso en España-*Printed in Spain*

Grupo Editorial Ceac, S.A. Perú, 164 – 08020 Barcelona

Internet: http://www.ceacedit.com

CONTENIDO

CONTENIDO

Hace ya tres años que se inició la colección **Guías Camino Verde**. En estos momentos, con dieciocho libros editados, estas guías se han convertido en una de las ofertas más significativas dentro del llamado turismo verde. Han sido centenares de kilómetros recorriendo caminos de esta España plural y diferente, visitando innumerables casas de turismo rural, admirando monumentos y hurgando en el recetario de la cocina tradicional. Todo para ofrecerle los itinerarios que a pie, en bicicleta, en vehículo todo terreno, a caballo o, evidentemente, en coche, le lleven a descubrir el último rincón de nuestro país.

Hemos intentado seleccionar los alojamientos más encantadores para que usted pueda reposar después de una ajetreada jornada vacacional, o simplemente para que se sienta a gusto al lado de una hogareña chimenea. Ventas, mesones, restaurantes calificados en prestigiosas guías, nos han ofrecido sus recetas para que pueda conocer este otro aspecto tan importante dentro del mundo de los viajes. Por último, en cada lugar, añadimos una selección de las empresas dedicadas a los llamados «deportes de aventura», por si desea quemar dosis de adrenalina haciendo *puenting*, volando en parapente, practicando el *rafting*, deslizándose en traje de neopreno por el lecho de un río o, por el contrario, si lo que le apetece es descubrir tranquilamente la naturaleza a lomos de un caballo, remando por un río, desde el aire en un globo aerostático o, simplemente, pedaleando en bicicleta.

Hasta ahora las guías aparecidas en el mercado sólo hablaban de lugares monumentales y bellezas naturales, eran verdaderos manuales gastronómicos, compendios de itinerarios para realizar en bicicleta o a pie, o pesados tomos enciclopédicos de hoteles y casas de turismo rural. Nadie hasta la fecha se había atrevido a presentar una guía por zonas naturales delimitadas que incluyera un poco de todo.

El libro que usted tiene en sus manos pretende ponerle al alcance de la mano toda esta oferta. Una casa de turismo rural, un hotel perdido en la naturaleza, un buen restaurante, un itinerario para recorrer el paisaje de distintas formas y un lugar donde pueda practicar su deporte favorito... Si lo hemos conseguido, nos sentiremos de verdad satisfechos.

Dentro de la colección Guías Camino Verde ha llegado el momento de publicar la dedicada a Canarias, conjunto de islas que, por su peculiaridad, nos ha obligado a modificar algunos aspectos de la línea emprendida para este tipo de libros, además de añadirle más páginas.

Siete islas dan para mucho y más si éstas contienen numerosos espacios naturales, cuatro parques nacionales, una oferta más que considerable de turismo rural y eso sin entrar en la denominada oferta de sol y playa. Su formación volcánica y los casi 2.000 km de costa han hecho que le prestáramos especial atención a los deportes náuticos y sobre todo al submarinismo, dentro del apartado dedicado al turismo activo.

En todas las islas, pero preferentemente en Tenerife, El Hierro, Fuerteventura y Lanzarote, esta práctica atrae cada año a miles de aficionados, que buscan en la transparencia de sus aguas y en los numerosos recovecos de sus acantilados sumergidos una fauna rica y variada que se esconde en unos fondos de impresión. Sólo las islas de formación más antigua (Lanzarote y Fuerteventura) tienen un veril o plataforma marítima más o menos extensa y poco profunda (entre 20 m y 40 m); en las demás, el acantilado cae rápidamente produciendo un efecto sobrecogedor, sólo reservado a aquellos que posean una cierta práctica en este deporte.

Por lo demás, en cada isla se ha intentado seguir la misma línea de toda la colección, con una **Introducción**, un **Mapa** con las carreteras y algunas pistas forestales, **Itinerarios** para realizar con un turismo o vehículo todo terreno, **Rutas** a pie, alojamientos de **Turismo Rural** y **Hoteles Singulares** para descansar, **Lugares de Interés** tanto a nivel monumental como paisajístico, **Gastronomía** con algunos restaurantes recomendados, empresas dedicadas al **Turismo Activo** y numerosos consejos que nos permitan descubrir las Islas Afortunadas.

Autopista/Autovía
Carretera nacional
Carretera comarcal
Carretera local
Itinerario para todo tipo de vehículo
Itinerario para vehículos TT
Itinerario para BTT
Itinerario para realizar a pie
Iglesia románica, monasterio, santuario
Restaurante
Hotel, hostal
Cámping
Casa de Turismo Rural
Se alquila por habitaciones
Se alquila entera
Sirven comidas
Hay derecho a cocina
Senderismo
Bicicleta de montaña
Excusiones a caballo, hípica
Excursiones en todo terreno
Globo aerostático
Parapente, ala delta
Helicóptero/ ULM
Submarinismo
Golf
Tiro con arco
Descenso de barrancos
Escalada
Espeleología
Rafting
Canoe-kayac, piragüismo
Vela/ Paseos en barca
Surf/Windsurf
Esquí acuático
Esquí alpino, esquí de fondo
Raquetas de nieve
Pesca
Caza
Motos de nieve
Quads
Puenting

El Teide es, probablemente, una de las imágenes más representativas de Canarias.

SITUACIÓN, ORIGEN E HISTORIA, por Ana Montserrat

Las Canarias son siete islas que durante siglos fueron consideradas como el fin del mundo. Por El Hierro pasaba nada menos que el meridiano cero. Hoy, descubierto el mundo entero, se encuentran situadas en el Atlántico, a 100 km de la costa del Sahara la más próxima, y a 1.200 km al Sudoeste de la península Ibérica, entre los paralelos 27 y 29 y los meridianos 13 y 18. Todas juntas suman una superficie terrestre de 7.446,6 km^2, y entre ellas la distancia máxima es de 500 km aproximadamente que separan Lanzarote de El Hierro o La Palma.

El origen del archipiélago canario se remonta entre los 25 millones de años de Fuerteventura y los 750 mil años de El Hierro, aunque las erupciones han continuado modificando su paisaje y ganando terreno al mar hasta el presente siglo, con una última que tuvo lugar en La Palma en 1971.

La temperatura es moderada durante todo el año, aunque con claras diferencias entre estaciones. Los inviernos atraen tormentas de agua y viento y los veranos son secos y calurosos, a veces con el aire cargado de polvo procedente del continente africano. Quizá lo más característico de estas islas volcánicas de grandes pendientes son los contrastes de climas y temperaturas que podemos hallar en un mismo día, en función de la altura. El anticiclón de las Azores es el que más afecta al archipiélago. Los vientos alisios barren las nubes hasta encallarse en las cumbres formando un llamado «mar de nubes», también conocido como «lluvia horizontal», que garantiza temperaturas frescas entre los 700 y los 1.500 m de altitud, así como una fuerte carga de humedad que penetra en la vegetación a través de sus hojas.

Alrededores del Parque Nacional de Timanfaya en Lanzarote.

Como islas que son, las Canarias han seguido un modelo económico de subsistencia con una situación muy precaria hasta principios del siglo XIX. Tras la caída del comercio del vino y la decadencia de la industria de la seda, en 1845 las chumberas o tuneras traídas de México se hicieron con el paisaje para producir grandes cantidades de cochinilla, un parásito que producía un tinte natural para tejidos bien cotizado en Europa. Esta revolución agrícola y económica que arrasaría con matas y árboles de todas las islas, alterando el paisaje para siempre, duró treinta años. En 1875, con la aparición de tintes químicos, la cochinilla se hundió precipitadamente y los campesinos, arruinados, buscaron salvación en la emigración, especialmente a Cuba. El tomate y el plátano se adueñaron de las tierras y, como necesitaban riego, obligaron a los campesinos a buscar más agua en galerías y pozos. A principios de los cincuenta, con el regreso de los emigrantes de Cuba, llegaron las plantaciones de tabaco y frutas tropicales como papayas, aguacates, piñas y mangos. Todos ellos, junto al plátano (que Colón llevó a América, tras su escala en La Gomera) comparten hoy economía con la gran industria del turismo.

La pesca no ha sido muy desarrollada en el archipiélago, por falta de puertos y por falta de cultura marítima (los guanches no conocían la navegación). Es más, aun en las islas más pequeñas, hasta hace muy poco, el campesinado consideraba el pescado fresco como un lujo.

El plátano está extendido por toda Canarias.

HISTORIA

La antigua Grecia ya hablaba de unas islas paradisíacas situadas más allá de las columnas de Hércules; la Atlántida y las Hespérides alimentaban su literatura. Durante el dominio romano, el rey Juba de Mauritania organizó expediciones a las Islas Afortunadas. El interés por ellas renació en el siglo XII junto a nuevas técnicas de navegación, y ya en el siglo XIII comerciantes genoveses, catalanes y mallorquines compraron o trocaron esclavos y cochinilla en las islas, especialmente con Gran Canaria. En este mismo siglo, el Papa intentó hacerse con ellas mientras el reino de Benamerín (al Norte del actual Marruecos) reclamó su posesión. En el siglo XIV fueron los portugueses quienes se disputaron Las Afortunadas con los españoles, que terminaron por ocuparlas. En 1402, Juan de Bethencourt, un barón normando acompañado por un pequeño séquito, llegó a Titeroygatra (Lanzarote) y, en vista de los muchos abusos y saqueos sufridos, el rey Guadarfía le concedió permiso para quedarse en la isla y construir un castillo. Ahí empezó, en nombre de la evangelización, la conquista sangrienta de las Canarias, una «operación» que duraría nada menos que 94 años (1402-1496). Y es que los guanches defendieron ferozmente la libertad de su pueblo prefiriendo, en muchas ocasiones, morir a entregarse.

• Los guanches

La palabra «guanche» se ha generalizado para referirse a la población aborigen de las islas; sin embargo, en su origen sólo hace referencia a los habitantes de Tenerife, distintos a los majoreros de Fuerteventura, los benahoritas de La Palma, los bimbaches de El Hierro, etc.

Muchas son las hipótesis que se barajan sobre el origen de los guanches. Algunos incluso han defendido que podrían haber llegado en barco desde la península Ibérica unos 3.000 años a.C., pero en los últimos años se ha afianzado la teoría de que proceden de África, concretamente de la zona de Berbería y de la antigua Libia. Su origen común y bereber está consensuado, pero cómo llegaron a las islas, no. A la llegada de los españoles, los guanches no conocían la navegación, no se conocían entre islas y cada isla tenía su sistema de gobierno y leyes distintas. Muchos han mantenido la teoría de que fueron arrastrados por la corriente desde la costa africana, pero en los últimos años, Antonio Tejera Gaspar, catedrático de arqueología de la Universidad de la Laguna, junto a otros estudiosos, mantiene que, no conociendo los guanches la navegación, sólo pudieron llegar a las islas traídos por

Grabados aborígenes en el yacimiento de Las Zarzas (La Palma).

En el pueblo de El Cercado (La Gomera), aún se continúa realizando la cerámica como antaño.

alguien, probablemente por los romanos, a saber para qué y como qué (deportados, prisioneros, esclavos, colonos), puesto que por aquel entonces era toda una empresa llegar a estas islas y la vida humana no tenía valor alguno.

En cualquier caso, se sabe de ellos que eran buenos ceramistas y que se dedicaban principalmente al pastoreo y a la agricultura; que embalsamaban a sus muertos, que todos eran aficionados al canto y al baile y que el idioma que hablaban es de origen común, con variantes dialectales

Placa al conquistador de Gran Canaria.

para cada isla. Se vestían con trajes hechos de piel de cabra u oveja, y para las mujeres la frente era el principal campo de sus bellezas, mientras que descubrir pechos o pies era cosa deshonesta. De todo ello quedan hoy la cerámica sin torno de claro origen africano (especialmente en El Cercado, de La Gomera); bailes como el Tanganillo, el Serinoque o el Tango Herreño; el silbo gomero (un lenguaje silbado que permite mandar mensajes a grandes distancias y que trajo de cabeza a los conquistadores hasta ser prohibido. Todavía pervive entre la población más adulta y se intenta recuperar en las escuelas); el juego del palo; el juego de las bolas; el arrastre de ganado; la lucha canaria; y algo también muy espectacular y también gomero: el arte del astia (los gomeros, de tan abrupta que es la isla, utilizaban el astia, un bastón de haya o brezo de unos dos metros y medio de longitud, a modo de pértiga, para moverse rápidamente por acantilados, riscos y laderas). Y claro, también queda mucha sangre guanche entre los canarios. A pesar de que se ha querido borrar de su memoria que probablemente desaparecieron aproximadamente dos tercios de su población (muertos, vendidos como esclavos o desterrados), siguieron siendo mayoría frente a los colonos y, según el catedrático Rumeu de Armas y otros, es muy probable que hasta el 90 % de la población canaria actual lleve sangre guanche en sus venas.

COMUNICACIONES

Las islas Canarias están bien comunicadas con la península y entre sí. A nivel de vuelos, Iberia enlaza distintas capitales españolas con los aeropuertos de Gran Canaria, Tenerife, La Palma, Lanzarote y Fuerteventura, mientras los de El Hierro y La Gomera, que se abrirá próximamente, están reservados a vuelos entre islas, servicio que cubren Binter Canarias, compañía subsidiaria de Iberia, y las compañías locales Naysa y Air Atlantic. Air Europa y Spanair también vuelan desde algunas ciudades de la península hasta las islas.

El vehículo todo terreno es una buena opción para desplazarse por las islas.

También por barco se enlazan las distintas islas, con la posibilidad, en la mayoría de los casos, de transportar vehículos. Transmediterránea lo hace entre las capitales, mientras Fred Olsen, su gran competidor, ha escogido la unión de zonas turísticas, con lo que normalmente son trayectos más cortos y, por lo tanto, algo más baratos. Otra compañía local es Armas, con unos criterios parecidos a Olsen. Entre las islas más próximas, por ejemplo Tenerife y La Gomera o Fuerteventura y Gran Canaria, hay servicio de *hidrofoil*, algo más rápido que el buque convencional. También desde Cádiz hay un barco que va hasta Arrecife, capital de Lanzarote. Para moverse por el interior, lo mejor es alquilar un vehículo; las ofertas son muy numerosas y van desde el turismo convencional al vehículo todo terreno. En los aeropuertos y terminales de embarque marítimo hay oficinas de algunas de las compañías más importantes.

Iberia, Tel. 902 400 500
Spanair, Tel. 902 13 14 15
Air Europa, Tel. 902 401 501
Naysa. Tel. 900 71 77 27
Air Atlantic. Tel. 928 26 16 83
Transmediterránea. Tels. 922 24 30 11
928 47 44 74
Fred Olsen. Tels. 922 62 83 31
928 24 59 69
Armas, Tel. 928 51 79 12

Muelle de los Mármoles en Arrecife.

GASTRONOMÍA

Los elementos que componen la gastronomía en las diferentes islas del archipiélago canario son similares, por lo que hemos planteado un capítulo común para este tema, mientras que en el apartado correspondiente a cada isla se comentarán los productos particulares y los restaurantes recomendados.

El Atlántico suministra numerosos pescados, que se consumen a la plancha o guisados. Viejas, sargos, mero, chicharras, caballa, morena, son muy sabrosos de cualquier manera. Las papas arrugadas y el gofio son dos productos que acompañan cualquier comida. Las primeras son unas patatas pequeñas que se hierven con sal y se consumen con piel acompañadas de una salsa denominada *mojo*, que puede ser verde a base de cilantro o roja, también llamada mojo picón.

El gofio es maíz tostado o trigo mezclado con cebada, que una vez molido se toma acompañando cualquier plato, en las sopas o potajes o con leche. Ha sido y es el alimento básico de los canarios, equivalente en cierta manera a los cereales tostados que tan de moda han puesto los americanos; el nivel energético podría ser el mismo, aunque el gofio se toma molido y, por lo tanto, diluido con cualquier líquido. Otro plato muy popular en todas las islas es el puchero canario, especie de cocido que se prepara con carnes, legumbres y hortalizas, principalmente papas, garbanzos, bubango (especie de calabacín), habichuelas, col y maíz.

En cuanto a las carnes, las podemos encontrar de cerdo, conejo y en algunas islas, sobre todo, de cabra. Muchas veces están guisadas con salmorejo, salsa hecha a base de aceite, vinagre, hierbas aromáticas y especias, lo que las hace más apetitosas. Queso, básicamente de cabra, y vinos, que en casi todas las islas gozan de denominación de origen propia, los encontraremos también en nuestro viaje por Canarias. Con el primero elaboran el *almogrote*, mezclándolo con ajo, aceite y pimentón.

Los postres son normalmente muy dulces y en ellos intervienen el queso, la miel y la almendra, entre otros productos. Uno de ellos es el *bienmesabe*, postre popular en la isla de La Palma, hecho con huevos, almendras y azúcar; su dulzor se puede aligerar mezclándolo con helado.

Antiguo molino de gofio.

ENDIBIAS RELLENAS DE ALMOGROTE
Restaurante El Oroval (Agüimes-Gran Canaria)

Ingredientes:

6 hojas de endibias, 1 tomate maduro, 1 diente de ajo, una pizca de pimentón, 50 g de queso duro rallado

Vinagreta de arándanos:

Sal, vinagre de manzana, aceite de oliva y confitura de arándanos

Elaboración:

Se limpia el tomate, luego se saltea y blanquea. Una vez esté listo, se tritura junto con el aceite de oliva. Seguidamente se mezcla con el queso rallado y se hace una pasta.

CONEJO EN SALMOREJO
Restaurante El Oroval (Agüimes-Gran Canaria)

Ingredientes:

1 kg de conejo, 1 cabeza de ajo, laurel, tomillo, orégano, comino, guindilla, vinagre, aceite, vino blanco, sal y pimentón.

Elaboración:

Se majan los ajos junto con el comino y la guindilla y se le añade al conejo junto con los demás ingredientes, el cual se va friendo troceado. Es mejor si el conejo se deja marinado de un día para otro.

Los quesos en Fuerteventura gozan de denominación de origen propia.

Ciudad de Las Palmas de Gran Canaria.

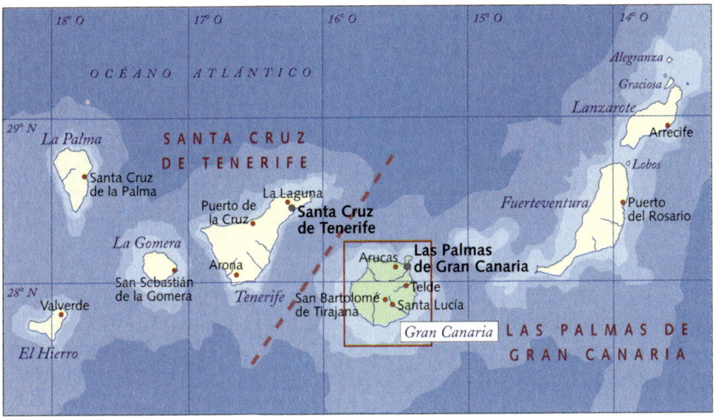

La conquista de la isla se llevó a cabo entre 1478 y 1483; contra los invasores castellanos lucharon las tribus aborígenes al mando de sus *guanartemes* Tenesor y Doramas. Muerto el segundo y hecho prisionero el primero, fue bautizado en la Península –lo apadrinaron los mismos Reyes Católicos– y contribuyó más tarde a la pacificación de la isla.

Gran Canaria tiene una forma redondeada con una altura justo en el centro muy próxima a los 2.000 m, mientras que bajo el mar quedan otros 5.000 m. Su superficie es de 1.532 km^2 y la diversidad de paisajes y climas le ha valido el calificativo de «continente en miniatura», el cual define perfectamente la idiosincrasia de esta isla. Este paisaje, modelado por la acción erosiva a lo largo de los años, está formado por profundos barrancos que convergen en el centro de la isla, en los que sobresalen espectaculares roques. De los casi 200 km de costa, la mayoría son acantilados escarpados que en algún caso llegan a los 1.000 m de caída; sólo en el sureste la costa se suaviza con grandes extensiones arenosas que llegan a formar dunas. Es el conjunto de Maspalomas y Playa del Inglés, donde más se ha desarrollado la oferta turística. Hasta finales del siglo XIX no se empezaron a construir las primeras carreteras, existiendo con anterioridad una serie de caminos, senderos y veredas que comunicaban los puntos más importantes de la isla. En la actualidad existen unos 300 km de caminos reales recuperados, siendo la Cruz de Tejeda el lugar donde convergen la mayoría de ellos. El 42,7 % del territorio goza de distintos niveles de protección y existen algunas guías editadas por el Cabildo Insular, de gran utilidad para hacer los recorridos a pie.

A nivel de carreteras, hacia el Sur una autovía de 56 km nos lleva hasta Arguineguín pasando por los centros turísticos. Esta carretera (GC-1) va ampliando cada año su recorrido, hasta que finalmente llegue a Puerto de Mogán, el último de los complejos turísticos. Por el Norte, la GC-2 va hasta Gáldar, mitad autovía mitad carretera desdoblada en algunos tramos; el resto de la red son carreteras reviradas y pistas forestales que se adaptan a la orografía del terreno.

ITINERARIO 1

AGÜIMES - SAN BARTOLOMÉ DE TIRAJANA - EMBALSE DE CHIRA - EL TABLERO

Con este itinerario cruzaremos el cuadrante sureste de Gran Canaria, en un recorrido mixto que combina carreteras locales con pistas en buen estado y que admite múltiples variantes.

Partimos de **Agüimes** en dirección a Santa Lucía, tomando una carretera local que va serpenteando entre barrancos por un paisaje impresionante; al cabo de 9 km llegaremos a **Temisas**, pequeño pueblecito cuyas casas se derraman por la ladera de la montaña. Un par de kilómetros más adelante alcanzaremos un collado, por el que pasaremos a la otra vertiente. A lo lejos continuamos divisando la costa; descendemos suavemente y en 6,8 km llegaremos a **Santa Lucía de Tirajana**, donde dejamos a la izquierda el desvío que va hacia Ansite. Santa Lucía se nos presenta como un oasis de verdor en medio de tanto paisaje árido; en el centro del pueblo, las palmeras y eucaliptos rodean la iglesia, situada en lo alto.

La C-815 continúa su recorrido cruzando el barranco de Tirajana y a 7,7 km de Santa Lucía llegamos a **San Bartolomé de Tirajana**. En la entrada de esta población dejamos a la izquierda el desvío que va hacia Fataga (donde hay una hospedería), continuando después hasta la costa, concretamente hasta Maspalomas. Ésta es una posibilidad de acabar el recorrido, aunque nosotros proponemos un par de alternativas.

Seguimos por la C-815 en dirección a Cruz de Tejeda y 6 km después pasamos el collado Cruz Grande y penetramos en parque rural Roque Nublo. A 2,6 km de este punto, y una vez hemos pasado las **Casas de La Plata**, por la izquierda sale el desvío hacia el embalse de Chira; ésta es una primera opción que proponemos para bajar hasta la costa. La carretera baja decididamente entre un bosque de pino canario y a 1 km sale a la derecha el desvío de tierra que va al área recreativa del pinar de Santiago (de la ermita no queda ni rastro). La carretera continúa descendiendo hasta el **embalse de Chira**, al que llegaremos al cabo de 7 km; antes hemos pasado por el Club del Oso, un hotel de madera, sencillo, que aprovecha el entorno natural.

San Bartolomé de Tirajana.

De la presa que cierra el embalse, donde hay un albergue, sale la pista forestal que tomaremos para completar el recorrido. Este camino, por el que pueden circular todo tipo de vehículos, va elevándose entre el pinar hasta alcanzar un collado a 2,7 km, desde donde tenemos una buena panorámica del embalse, con las montañas que rodean Roque Nublo y el pico de las Nieves al fondo, mientras que el barranco de Arguineguín queda a nuestros pies.

Hemos entrado en el parque natural Pilancones y el camino ahora empieza a serpentear en su descenso; al cabo de un rato la pista discurre cortada en la ladera de la montaña hasta que el bosque desaparece, volviendo el paisaje de roca volcánica poblado de cactus. Pasamos por la barriada de Los Lomos y la Casa de Oración El Tabor, donde encontramos algo de camino asfaltado. El camino polvoriento sigue su descenso hacia el mar y con él, nosotros; dejamos atrás un agradable bar donde es posible refrescarnos un poco, alcanzando un poco más adelante un pequeño collado donde hay una estructura de antena abandonada, mientras abajo, en el barranco de Chamoriscán vemos una pequeña presa.

Al llegar al último collado del recorrido nos sorprenden a la izquierda unas formaciones torturadas de roca volcánica y un poco más abajo, en **El Salobre**, ya encontraremos el camino asfaltado hasta el pueblo de **El Tablero**, que cruzaremos por su calle principal y luego iremos a la izquierda (por la calle Cuba). Unas indicaciones nos señalan la dirección hacia la Playa del Inglés o hacia Maspalomas y la autovía GC-1, con lo que pondremos fin a este recorrido. Desde el embalse de Chira hasta aquí hemos recorrido unos 28 km, a los que habremos de añadir los 43 km por carretera asfaltada de Agüimes al citado embalse.

Otra posiblidad consiste en no desviarnos hacia el embalse de Chira y seguir por la C-815 hasta **Ayacata** y allí dejar la dirección a la Cruz de Tejeda, para tomar la C-811 en dirección a Mogán (vease Itinerario 2).

ITINERARIO 2

SAN BARTOLOMÉ DE TIRAJANA - EMBALSE DE CUEVA DE LAS NIÑAS - PUERTO DE MOGÁN

Este recorrido puede ser una alternativa al anterior y por él llegaremos a Puerto de Mogán, después de cruzar por una pista en buen estado el sorprendente paisaje que acompaña al barranco de Mogán.

De **San Bartolomé de Tirajana** por la C-815 nos separan 12 km de **Ayacata**, pueblecito donde encontraremos el cruce hacia Tejeda o Mogán. Seguiremos esta última dirección y a 11 km sale por la izquierda una pista, sólo apta para vehículos todo terreno, que va hasta el embalse de Soria, y que después empalma con nuestro itinerario o baja directamente al pueblo de Arguineguín, situado en la costa.

Continuamos por la carretera y al llegar al pinar de Pajonales a la izquierda vemos la zona recreativa en la cola del **embalse de Cueva de las Niñas**. Poco después, el camino asfaltado deja paso a una pista de tierra, que después de superar el punto más alto en la Cruz de Antonio, empieza su descenso.

A un par de kilómetros a la izquierda dejaremos la carretera que va a Arguineguín (28 km) y también al embalse de Soria, enlazando con el camino anterior. Continuaremos por el lado contrario y las panorámicas sobre el profundo barranco que se abre a nuestros pies nos sorprenden a cada paso.

A la derecha, en el fondo del barranco dejamos la presa del Mulato. Descenderemos vertiginosamente en zigzag; en un recodo del camino, una furgoneta habilitada como puesto de refrescos nos invita a tomar un zumo de naranja mientras dis-

GRAN CANARIA
OCÉANO ATLÁNTICO
Punta de Sardina
Punta de Gáldar
Llanos de Caleta y Sobradillo
Sardina
Gáldar
Las Vegas
Hacienda de Anzo
Almagro
San Isidro
GC-2
Punta del Cardonal
Hoya de Pineda
Pico del Viento
Puerto de las Nieves
Agaete
Saucillo
San Pedro
Caideros
Vecindad de Enfrente
Casa Romántica
Los Berrazales
Fagajesto
Princesa Guayarmina
Las Llongueras
La Laja del Risco
Tamadaba
1.444m.
El Hornillo
Lugarejos
Punta de Góngora
El Risco
Juncalillo
Coruña
La Esquina
El Caidero
La Cuevita
Artenara
LA SILLA
Punta de la Aldea
Parador de Turismo
El Refugio
Las Marciegas
Albercón
La Higuerilla
Tejeda
Mederos
Punta de los Agujeros
Los Espinos
Barranco de la Aldea
San Nicolás de Tolentino
El Chorrillo
El Carrizal
Roque Bentaiga
Los Molinos
Timagada
Artejévez
El Toscón
Punta del Peñón Bermejo
Tocodomán
El Juncal
C-811
Montaña de Sándara
Inagua
1.426m.
Embalse de Cueva de las Niñas
Las Estanquillas
Tasartico
Embalse del Mulato
Tasarte
Embalse de Soria
Punta de las Tetas
Montaña del Acebuche
Casas El Manantial
Las Casas de Veneguera
Barranco de Tasarte
El Barranquillo
El Pie de la Cuesta
El Zao
Mogán
Lomo de Tasarte
Barranco de Veneguera
Punta de la Pedrera
Las Casillas
Barranco de Mogán
El Caidero
Los Navarros
Cercado de Espino
La Playa de Veneguera
El Palmito
Tabaibales
Las Burrillas
Barranco de Tauro
Los Peñones
C-811
Barranco de Arguineguín
La Cofradía
Puerto de Mogán
Taurito
Punta Cruz de Piedra
C-812
La Playa de Tauro
Puerto Rico
Punta de Puerto Rico
Verga
El Salobre
Patalavaca
Punta de los Inciensos
El Llanillo
Arguineguín
Punta del Parchel
Bahía de Santa Águeda
Pasito

Punta del Roque
La Isleta
Punta del Confital
Punta del Camello
Playa de las Canteras
Puerto de la Luz
Playa de las Alcaravaneras
Las Palmas de Gran Canaria
Churchill
Bañaderos
Costa
Guía
Dragos
Frontón
Moya
Firgas
Cardonal
Cardones
San Andrés
Casablanca
Trasmontaña
Arucas
Casa Ayala
Tenoya
Santidad
Juan XXIII
Tamaraceite
Huerta del Palma
Almatriche
Lomo Blanco
Fernando
Los Lomitos
San Lorenzo
Dragonal
Tafira Baja
Punta Casa Blanca
Zumaca
Troyanas
Miraflor
Jardín Canario
La Calzada
Playa de la Laja
San Francisco de Paula
Punta del Palo
Teror
La Escalerita
Valleseco
Arbejales
Tafira Alta
La Angostura
Monte Lentiscal
Marzagán
Vega de Enmedio
Lanzarote
Santa Brígida
Caldera de Bandama
Jinamar
Martell
Sta. Brígida
La Atalaya
San José de las Longueras
La Yedra
Ayala
El Alpendre
El Balcón de Ayala
La Vega
La Majadilla
Utiaca
Cho Zacarías
La Veguetilla
Valle de Casares y Solana
San Antonio
Punta de la Mareta
El Vinco
Las Lagunetas
Vega de San Mateo
Los Caserones
El Callejón del Castillo
La Lechuza
Telde
La Asomada
Valsequillo de Gran Canaria
El Calero
Punta de la Cueva
Playa de Melenara
Cueva Grande
Las Casillas
El Valle de los Nueve
Tenteniguada
El Lomo Magullo
Chorrillo
Los Veroles
El Pinar
El Palmito
El Rincón
El Caracol
Punta de la Salineta
La Breña
El Goro
Punta de Silva
Roque Redondo 1.919m.
1.949m.
Cazadores
Cuatro Puertas
Ojos de Garza
Gando
Roque
Pasadilla
La Culata
Risco-Blanco
Punta de Gando
Aeropuerto de Gran Canaria
Aguatona
Barranco de Guayadeque
Taidía
San Bartolomé de Tirajana
El Indiano
Suarez Ama Juanita Pérez
Ingenio
Carrizal
Rociana
Santa Lucía
Playa del Burrero
La Banda de Agüimes
El Hao
Casas Blancas
El Ingenio
Temisas
Villa de Agüimes
Casa de los Camellos
Agüimes
Las Rosas
Vargas
Ingenio
Los Corralillos
Fataga
Los Sitios
La Sorrueda
La Goleta
Playa de las Cruces
El Alpendre
Cruce de Arinaga
Punta de la Sal
Amurga 1.131m.
Barranco de Tirajana
El Cruce
Punta del Negro
Arinaga
El Estanco
Llanos de Arinaga
Artedara
Sardina
Bahía de Formas
Aldea Blanca
Vecindario
Punta Gaviota
El Doctoral
Bahía de Pozo Izquierdo
Ladera de los Pinos
Barranco de Fataga
La Florida
El Matorral
Punta del Corral
Juan Grande
Castillo del Romeral
Berriel
Punta del Tarajalillo
Maspalomas
San Agustín
Playa del Inglés
El Oasis
Punta de Maspalomas
Playa de Maspalomas
GC-1
GC-2
GC-5
C-811
C-812
C-813
C-814
C-815
C-816
C-817

frutamos del paisaje (sólo está de lunes a viernes). Enseguida el camino vuelve a estar asfaltado, pero no por ello deja de ser más espectacular el recorrido. Finalmente, empalmaremos con la carretera que va de Mogán a Agaete por un recorrido elevado que acompaña al acantilado.

Nosotros, a no ser que queramos seguir esta última dirección, continuaremos barranco abajo pasando por **Mogán** y acabando finalmente en **Puerto de Mogán**, uno de los pocos lugares turísticos donde se ha urbanizado con un cierto gusto.

El recorrido total de este itinerario es de unos 50 km y, para los que deseen hacer la ruta al revés, en la bifurcación que hay después de Mogán, deberán seguir a la derecha la dirección «San Bartolomé-embalse de Soria».

Puerto de Mogán.

Urbanización en Puerto de Mogán.

ITINERARIO 3
CENTRO Y NORTE DE LA ISLA

Si partimos de **Las Palmas** por la C-811 en dirección a San Mateo, pronto llegaremos al **Jardín Canario**, donde hay una buena representación de flora macaronésica con especies extinguidas en la isla. (Horario: de lunes a viernes, de 8 h a 12 h y de 15 h a 18 h; sábados, de 8 h a 12 h y de 13 h a 17:30 h; domingos, de 10 h a 12 h y de 15 h a 17:30 h. Tel. 928 35 36 04.)

Un poco más adelante, pero al lado contrario, nos queda la **Caldera de Bandama**, con diversos itinerarios señalizados para recorrer a pie el interior de este amplio cráter.

La carretera empieza a subir y enlaza numerosos pueblecitos, donde destacan grandes casonas de principios de siglo. Fueron mansiones de los ingleses que llegaron a esta isla con las navieras y el negocio de los fletes, estableciendo en este lugar su zona residencial.

Pronto llegaremos a **Vega de San Mateo**, una de las poblaciones más importantes de esta zona, donde no debemos dejar de visitar el museo de artesanía y objetos típicos **Cho Zacarias** (Horario: de 9:30 h a 13 h. Tel. 928 66 06 27), que también es un buen restaurante. Seguimos nuestra ruta hacia la cumbre de la isla por la estrecha carretera, hasta que, a unos 40 km de Las Palmas, alcanzaremos la **Cruz de Tejeda**, punto situado a 1.450 m de altitud donde se encuentran el Parador de Turismo y el hotelito El Refugio, además de algunas tiendas y restaurantes. Desde los miradores situados en este lugar tenemos una panorámica fantástica de todo el entorno; eso sí, hay que tener en cuenta la diferencia de temperatura entre la zona costera y este punto, ya que mientras en el litoral puede lucir el sol, aquí el tiempo acostumbra ser bastante desapacible, con temperaturas bajas y niebla.

Desde este lugar, una carretera sube hasta el **pico de las Nieves**, que con sus 1.949 m es el punto más alto de la isla. También podemos ir hacia Ayacata y enlazar con el Itinerario 2, para lo cual pasaremos primero cerca del **Roque Bentaiga**, con un centro de interpretación y un sendero que sube hasta lo alto del roque, y después rodeamos **Roque Nublo**, cuya imagen aparece siempre envuelta en brumas (hay varios senderos para acceder hasta él).

Para proseguir nuestra ruta hacia el Norte de la isla, iniciaremos el descenso hacia Artenara cruzando los pinares de Gáldar. Antes de llegar a esta localidad, tenemos la posibilidad de acortar el recorrido tomando la carretera que pasa por Juncalillo;

Cultivo de cítricos.

Mirador de la Silla en Artenara.

de todas maneras, nosotros proponemos la ruta por **Artenara** ya que es más espectacular. En este pueblo se encuentra el **mirador de la Silla**; después de cruzar la montaña a pie por un túnel llegaremos al mirador, que es también bar y restaurante.

Seguimos nuestro descenso hacia Agaete y en el siguiente cruce dejamos a la izquierda las carreteras que van al pinar de Tamadaba y a San Nicolás de Tolentino; mientras desde Tamadaba tenemos una vista en picado de Agaete; por el pueblo de San Nicolás la carretera prosigue por el acantilado hasta Mogán. Nuestro itinerario ahora se encajona por el barranco de la Hoya, donde una sucesión de pequeñas presas embalsan el agua de la lluvia. En esta zona hay numerosas casas-cueva, alguna de ellas adaptada al turismo rural. En el fondo del barranco Hondo recibimos la carretera que viene de Juncalillo y en las dos bifurcaciones siguientes vamos a la izquierda en dirección a Caideros. Ahora la carretera ya empieza a ganar amplitud y bajamos en zigzag hasta alcanzar la C-810, en un punto intermedio entre **Agaete** y **Gáldar**. Por la izquierda muy pocos kilómetros nos separan de la primera de las poblaciones, donde en agosto se celebra la Fiesta de la Rama, una de las más populares de la isla, que consiste en una baile que dura horas y en el que miles de danzantes acuden a la ermita de la Virgen de las Nieves portando ramas de árboles; cuando se llega a la orilla del mar, azotan con ellas la superficie del agua reclamando la lluvia.

Desde la Cruz de Tejeda hemos realizado unos 60 km y ahora podemos adentrarnos en el **valle de Agaete**, que nos sorprenderá por su frondosidad. Casi al final de la carretera se encuentra el hotel Princesa Guayarmina y un poco antes Casa Romántica, dos buenos restaurantes para probar especialidades de la isla.

Si tenemos que regresar a Las Palmas deberemos ir hasta Gáldar y allí tomar la GC-2 con muchos tramos convertidos en autovía, por lo que el regreso es rápido.

Agaete desde el pinar de Tamadaba.

TURISMO RURAL

Este tipo de alojamientos en Gran Canaria están en auge, con una oferta buena y de calidad. De las distintas centrales de reservas que hay en la isla, nosotros hemos contactado con dos de ellas, con las que elaboramos la siguiente selección.

El municipio de Agüimes, con cinco casas de turismo rural y dos hoteles rurales (véase el apartado correspondiente), dispone de una buena oferta en este tipo de turismo. **Turismo Rural de Agüimes**, Tel. 928 12 41 83, en el propio ayuntamiento, funciona como una Central de reservas.

Por otro lado, la Asociación de **Turismo Rural RETUR**, situada en la localidad de San Mateo, Tel. 928 66 16 68, no sólo orienta su labor como central de reservas, sino que intenta que las casas rehabilitadas conserven todo el sabor tradicional, tanto en el mobiliario como en los aspectos arquitectónicos.

Las primeras cinco casas corresponden a Agüimes, mientras que las restantes son de RETUR; en todos los casos, las viviendas se alquilan enteras.

Es muy importante advertir que muchas de las casas, al encontrarse en el interior de la isla, están a una altitud de 1.000 m o más, algo a tener en cuenta para proveerse de ropa de abrigo.

AGÜIMES

• Casa de los Suárez

Es la mayor de todas y se encuentra en el centro del pueblo. Tiene cuatro habitaciones, una de ellas en la planta baja, junto con el salón y la cocina-comedor; también hay un patio exterior con cuarto de baño y lavadero.

Por el patio interior cubierto, donde hay un *tallero* o *bernegal* (filtro de piedra poroso de los que se utilizaban para el agua), se accede al piso superior, en el que se encuentran las otras tres habitaciones y un cuarto de baño.

La casa es muy amplia y el mobiliario, aunque nuevo, responde a modelos antiguos.

• Casa Ama

Se accede a ella a través de un patio que, como sucede en la mayoría de las casas canarias, sirve de distribuidor a cada una de las estancias.

Por un lado tenemos la cocina-comedor, con una mesa central de obra revestida de azulejos; al lado están el cuarto de baño y una gran estancia con dos dormitorios (uno a cada lado) separados del salón por un biombo de madera.

• Casa Juanita

Muy cerca de la anterior, también en el centro del pueblo, se encuentra esta casa que es la más pequeña de todas.

En una sola estancia, aunque amplia, se distribuyen el comedor y el dormitorio, separados por un biombo de madera. En un pequeño patio exterior se encuentran la cocina y el cuarto de baño. La casa es ideal para dos personas.

• Casa de los Pérez

En la misma calle, un poco más abajo de las otras dos, está la cuarta de las casas, a la que se entra por un patio enlosado donde crece un cactus centenario. Desde éste se accede a las dos habitaciones (una de ellas, muy grande), al cuarto de baño, a un pequeñísimo salón y a la cocina-comedor. Arriba se encuentran una terraza, que hace las veces de solario, y un lavadero.

• Casa El Indiano

Es la única que no se encuentra en la localidad de Agüimes. Está en la cercana aldea de Temisas; es también una casa canaria rehabilitada con más de 150 años de antigüedad y consta de dos habitaciones, comedor, cocina, cuarto de baño y amplios patios exteriores. Dispone además de chimenea y un huerto ecológico de 2.500 m^2.

ARTENARA

• Casa El Caidero

Cerca de Artenara se encuentra esta casa-cueva ubicada en plena naturaleza, a 1.200 m de altitud. Dispone de tres habitaciones, salón, cocina, cuarto de baño y amplia terraza exterior con barbacoa y horno de leña.

• La Cuevita

Como la anterior, está cerca de Artenara y es una casa-cueva situada a 1.300 m de altitud, que disfruta de una fantástica panorámica a la cuenca de Tejeda. Consta de dos habitaciones, salón-cocina, cuarto de baño y terraza.

CUEVA GRANDE

• Casa Los Veroles

Está situada en la carretera que sube hacia el pico de las Nieves, a 940 m de altitud y es una vivienda rural que se ha acondicionado con sumo gusto. Consta de dos habitaciones, cocina, cuarto de baño, aseo, salón con chimenea y amplias zonas exteriores con jardín, barbacoa y huerto.

SAN MATEO

• Casa La Asomada

Está en el barrio de La Lechuza de la población de Vega de San Mateo y se trata de una casa canaria rehabilitada completamente siguiendo los cánones de la arquitectura tradicional.

Desde el porche se accede a un pequeño vestíbulo y, desde él, a la habitación (donde hay un altillo) y el cuarto de baño. Al otro lado están la cocina y el salón con un sofá-cama.

Está rodeada de jardín y se ha conservado un antiguo horno de leña; el mobiliario está acorde con la línea arquitectónica de la casa.

• Casa Ayala, El Alpendre y El Balcón de Ayala

A la salida del pueblo del Mandroñal yendo hacia San Mateo, por la pista de la derecha señalizada con el nombre de Finca Huerta, en doscientos metros yendo a la izquierda en las dos bifurcaciones, llegaremos a la finca agrícola Ayala, donde se encuentran tres casas de turismo rural.

Casa Ayala es la primera de ellas y se trata del antiguo pajar y almacén, que ha sido rehabilitado. Es pequeña, aunque tiene dos plantas; abajo se disponen el dormitorio y el cuarto de baño, mientras que arriba se encuentran la cocina y el salón comedor. La casa aprovecha en una de sus paredes la textura de la roca y en el exterior hay una pequeña terraza muy acogedora en verano.

El Alpendre se encuentra un poco más arriba; consta de una habitación, salón-comedor, cocina y cuarto de baño. Tiene calefacción central y en el exterior hay un pequeño porche con su terraza.

El Balcón de Ayala es la más grande y está situada en lo alto. Tiene unos 200 años de antigüedad y consta de dos plantas: abajo se distribuyen el salón-comedor, una habitación, además de la cocina y el cuarto de baño, que se encuentran en un añadido de la casa.

Arriba hay dos habitaciones más y un bonito balcón de madera típico en la arquitectura canaria. Tiene calefacción central, un porche con terraza y mobiliario antiguo.

• Casa El Vinco

Esta casa señorial de 300 años de antigüedad está situada cerca del pueblo de San Mateo y consta de amplios salones y zonas ajardinadas.

En la planta baja están la cocina, el cuarto de baño y el salón-comedor con chimenea, mientras que en el piso superior se encuentran dos habitaciones dobles y una múltiple con cuatro camas. La vivienda ha sido rehabilitada cuidando al máximo todos los detalles.

• Casa La Yedra

Está a unos 5 km de San Mateo por la carretera que va hacia Teror y consta de dos plantas, en las que se distribuyen la cocina, el cuarto de baño, el salón con estufa de leña, el comedor y un patio interior con barbacoa en la de abajo, mientras que en el piso superior hay dos habitaciones y un típico balcón canario desde el que se tiene una inmejorable panorámica.

SANTA BRÍGIDA

• Casa La Vega

Está situada a un par de kilómetros del pueblo de Santa Brígida y era la antigua casa de los mayordomos. Tiene dos habitaciones, cuarto de baño, cocina, comedor, salón, una amplia terraza y está rodeada de una magnífico jardín.

SANTA LUCÍA

• Casa El Ingenio

Preciosa casa canaria situada al Sur de la isla rodeada de palmerales y jardín. Dispone de salón con un altillo donde está la habitación de matrimonio, cocina y cuarto de baño, todo ello muy encantador.

TEJADA

• Casa Las Cáscaras

Se encuentra situada en el casco urbano y fue una antigua escuela que se ha rehabilitado con dos habitaciones, salón-comedor, cocina y cuarto de baño. Está a 1.000 m de altitud.

TEROR

• Casa La Escalerita

Entre los pueblos de San Mateo y Teror se encuentra esta casa situada a 850 m de altitud, a la que se accede a través de un pequeño tramo de escalones esculpidos en la piedra.

Tiene dos habitaciones (una de ellas individual), salón con chimenea, cuarto de baño, cocina-comedor, amplia terraza exterior y un pequeño huerto.

VALSEQUILLO

• Casa el Palmito

Cerca del pueblo de Valsequillo, aislada en lo alto de un barranco, se encuentra esta casa rodeada de jardín y huerta, desde la que se disfruta de una fantástica panorámica del entorno. Consta de salón, cocina-comedor y tres habitaciones (dos de las cuales se comunican entre sí y una tiene literas). Además, en el exterior hay amplias terrazas, una de ellas cubierta y con barbacoa. Para llegar hasta la casa, antes de llegar a Valsequillo viniendo de Telde, hay que desviarse hacia Tecen y en 2,7 km con algunos tramos de tierra llegaremos a la vivienda.

HOTELES SINGULARES

En Las Palmas de Gran Canaria y en la zona Sur de la isla es donde encontraremos la mayor concentración de hoteles. En esta parte de la costa, en cada playa o cala hay diversos establecimientos hoteleros y un buen número de apartamentos, todos con su correspondiente piscina.

De todas maneras, los hoteles que proponemos a continuación huyen de las grandes aglomeraciones y conservan, en la mayoría de los casos, la arquitectura tradicional y el encanto.

• Hotel Villa de Agüimes

El antiguo ayuntamiento de esta localidad ha sido convertido en un encantador hotel, donde alrededor de un patio interior se ubican las seis habitaciones (dos individuales, dos dobles y dos dobles con salón), todas con baño, teléfono y televisión. Los servicios de recepción y restaurante actualmente se llevan desde el hotel Casa de Los Camellos, situado a escasa distancia.

DIRECCIÓN
Hotel Villa de Agüimes
Agüimes - Tels. 928 78 50 03 - 928 78 45 00

• Hotel Casa de los Camellos

Lo que fue un antiguo granero con camellos, cuyo uso era distribución de mercancías a distintos lugares de la isla, es ahora un bonito hotel situado en el centro del pueblo, donde los patios interiores llenos de plantas combinan con la madera y el color ocre de las paredes.

Tiene once habitaciones y una suite, todas equipadas con baño y televisión. El mobiliario sigue las características arquitectónicas del edificio y el ambiente es muy agradable.

El hotel cuenta con el restaurante El Oroval, en manos de la Escuela de Restauración Canaria.

DIRECCIÓN
Hotel Casa de los Camellos
Agüimes - Tel. 928 78 50 03

• Hotel El Pinar

En el municipio de Valsequillo, dentro del valle de Tenteniguada, se encuentra esta antigua mansión canaria rehabilitada como hotel rural.

Cuenta con nueve habitaciones sumamente acogedoras, todas con baño, televisión, teléfono y mini-bar, dos de las cuales son suites.

Además hay salón, comedor con chimenea, sala de lectura, amplias terrazas exteriores y piscina.

DIRECCIÓN
Hotel El Pinar
Valsequillo - Central de reservas RETUR, Tel. 928 66 16 68

• Club del Oso

Se trata de un sencillo hotel de madera situado en las proximidades del embalse de Chira (véase Itinerario 1), donde hay 10 habitaciones, que comparten un par de cuartos de baño, y un par de bungalows con su cocina y cuarto de baño. El hotel ofrece además servicio de restaurante, en el que es obligatoria la media pensión, una pequeña piscina en verano, sala de juegos y sauna.

DIRECCIÓN
Club del Oso
Embalse de Chira - Tel. 928 12 90 04

• Hotel Princesa Guayarmina

Situado al fondo del valle de Agaete, encima del antiguo balneario, se encuentra este hotel de 33 habitaciones que se está renovando poco a poco.

Todas las estancias tienen cuarto de baño y hay seis con un pequeño salón y televisión. El hotel también tiene un centro médico con bañera de hidromasaje, duchas a presión y distintos tipos de baños, además de piscina exterior, bar-cafetería y restaurante.

DIRECCIÓN
Hotel Princesa Guayarmina - Los Berrazales
Valle de Agaete - Tel. 928 89 80 09

• Las Llongueras

Aunque bien podría ser una casa de turismo rural, la hemos colocado aquí por el nivel del establecimiento, tanto de las estancias como del entorno. Se trata de una gran casona construida a finales del siglo pasado, dentro del más puro estilo colonial. Ofrece seis habitaciones, todas con baño y una de ellas suite con salón; hay también cuarto de estar, salón para la televisión, terraza cubierta y todo el edificio está rodeado de jardines.

DIRECCIÓN
Las Llongueras
Valle de Agaete - Tel. 928 89 87 52

• Hotel El Cortijo

Se trata de un hotel rural situado a un par de kilómetros de Fontanales, pueblecito que se encuentra en el centro de la isla, donde hay cinco habitaciones dobles a las que se puede añadir un sofá-cama. Dispone de restaurante, parque infantil, amplias zonas ajardinadas y hay una granja en la que se puede participar de las tareas agrícolas.

DIRECCIÓN
Hotel El Cortijo
Fontanales - Tels. 928 61 02 85 - 928 61 02 83

• Hotel Hacienda de Anzo

Se trata de una antigua mansión totalmente reformada donde se conserva el toque colonial, situada a 2,5 km de Gáldar. Tiene ocho habitaciones dobles, a las que se les puede añadir alguna cama auxiliar, está decorada con bonitos detalles y rodeada de jardín.

DIRECCIÓN
Hotel Hacienda de Anzo - Valle de Anzo
Gáldar - Tel. 928 55 16 55

• Hotel El Refugio

En la Cruz de Tejeda, en el mismo centro de la isla, se encuentra este hotel con sólo diez habitaciones, todas con baño, calefacción, televisión y teléfono.

Hay también un salón con chimenea, sauna, jardín y un restaurante mayoritariamente para los clientes, donde Amelia Negrín cocina buenos platos de gastronomía canaria.

DIRECCIÓN
Hotel El Refugio
Cruz de Tejeda - Tels. 928 66 65 13 - 928 66 66 15

• Hotel Santa Brígida

Se trata de un establecimiento hotelero con cuatro estrellas regentado por la Escuela de Restauración Canaria, que cuenta con ocho confortables habitaciones provistas de todos los servicios, restaurante, varios salones para reuniones, gimnasio, sauna y piscina.

El edificio, que se encuentra en el pueblo de Santa Brígida, cerca de la carretera principal, está rodeado de un precioso jardín.

DIRECCIÓN
Hotel Santa Brígida
Santa Brígida - Tel. 928 35 53 00

LUGARES DE INTERÉS

Las Palmas de Gran Canaria es una ciudad que se extiende frente al mar. El puerto de la Luz es uno de los más importantes del Atlántico y en él atracan todo tipo de buques y flotas pesqueras de todas las nacionalidades; los ingleses, que a finales del siglo XIX, atraídos por el comercio casi se habían apoderado de la isla, fueron los principales impulsores de la construcción del puerto.

El barrio de Vegueta es de visita obligada, con el museo canario donde hay importante material prehispano. (Horario: de lunes a viernes, de 10 h a 13 h y de 16 h a 19:30 h; sábados, de 10 h a 13 h; domingos, de 10 h a 14 h. Tel. 928 31 56 00); la Casa de Colón que recuerda el paso del navegante por la ciudad antes del descubrimiento, y es, además, pinacoteca. (Horario: de lunes a viernes, de 9:30 h a 17:30 h; sábados, de 9:30 h a 13 h. Tel. 928 31 23 84.) El museo de Arte Sacro y el Centro Atlántico de Arte Moderno, espacio moderno dentro de un edificio antiguo con importantes exposiciones y fondos de arte. Otros edificios que completan el conjunto son la catedral de Santa Ana, el palacio Episcopal, las casas consistoriales y las iglesias de San Agustín, Santo Domingo y San Francisco de Borja.

El barrio de Triana se aglutina alrededor de su principal arteria comercial; allí también se encuentra el teatro Pérez Galdós, sede de diversos festivales, el edificio modernista del Gabinete Literario y la iglesia de San Francisco. El parque de San Telmo, con la ermita, señala el lugar donde estuvo el primitivo puerto y en la calle Cano se ubica la casa natal de Benito Pérez Galdós, convertida en museo. (Horario: de lunes a sábado, de 9 h a 13 h. Tel. 928 36 69 76.)

Imagen del Carnaval.

Plaza de Santa Ana en Las Palmas de Gran Canaria.

En el centro de la ciudad, junto al parque Doramas, se encuentra el Pueblo Canario, recinto diseñado en 1934 por el polifacético Néstor Martín Fernández de la Torre, como centro turístico y museo donde ubicar su obra. Actualmente, aparte de la pinacoteca de este autor, están un centro de artesanía, el casino, varias tiendas, bares y el Bodegón, lugar donde se realizan actuaciones folclóricas. (Horario: de lunes a viernes, de 10 h a 13 h y de 16 h a 19 h; sábados y domingos, de 10:30 h a 13:30 h; miércoles, cerrado. Tel. 928 24 51 35.) Al otro lado de la ciudad, y al abrigo de una barra costera, se extienden los casi 4 km de la playa de las Canteras, con numerosas terrazas y paseos.

En esta ciudad, como en Santa Cruz de Tenerife, los amantes de la diversión tienen que pensar en los carnavales, cuyos actos con desfiles de comparsas y actuaciones musicales se prolongan durante quince días. En el Mogollón, nombre con el que se conoce la zona de chiringuitos donde acude la gente disfrazada, se acostumbran reunir algunos cientos de miles de personas.

Además de los lugares de interés incluidos en cada itinerario, si vamos hacia el Norte de la isla, en **Arucas** hay un templo de estilo neogótico construido en el siglo XIX, con altas torres y pináculos ricamente labrados, y en **Teror** se encuentra el santuario de Nuestra Señora del Pino, patrona de la isla. Por la antigua carretera, antes de llegar a Guía, encontraremos el **Cenobio de Valerón**, conjunto de Silos trogloditas usados por los aborígenes para guardar el grano. (Horario: de martes a domingo, de 10 h a 13 h y de 15 h a 17 h.)

Por el Sur debemos detenernos en **Telde.** La que fue cabeza de uno de los dos reinos aborígenes guarda en el interior de la iglesia de San Juan un precioso retablo flamenco y una imagen de Cristo realizada el siglo XVI por indios mexicanos con pasta de millo. En **Ingenio** hay que visitar el museo de Piedra y Artesanía canaria, con calados, cerámica y productos típicos (Horario: de 8 h a 18:30 h. Tel. 928 78 11 24), y en **Agüimes**, la basílica de San Sebastián, el mejor templo de estilo neoclásico de la isla.

Basílica de San Sebastián en Agüimes.

Arriba, barrio de Vegueta; abajo, Gabinete Literario, ambos en Las Palmas.

GASTRONOMÍA

Los quesos de Gran Canaria, frescos o curados, gozan de gran prestigio; en ellos intervienen leche de cabra, oveja y vaca, juntas o por separado. El pulpo a la vinagreta, los chicharrones y la pata de cerdo asada son también manjares de la isla, junto con las *carajacas*, nombre con el que se conoce a los trocitos de hígado de ternera con sus aditivos. El rancho a base de fideos, carne y garbanzos también es típico, al igual que los potajes, con gran variedad de ingredientes, o el puchero aún más rico en cuanto a los componentes.

El pescado en *sancocho*, o sea, hervido con papas y batatas, acompañado del correspondiente gofio y aliñado con un buen mojo, es de los platos que hacen historia. A nivel de restauración, tenemos en la capital **El Churchill**, Tel. 928 24 91 92, situado en la avenida León y Castillo, 274 (Ciudad Jardín), restaurante elegante con platos imaginativos y cocina de temporada. **Cho Zacarias**, Tel. 928 66 06 27, en San Mateo, une a su decoración una buena cocina tradicional, lo mismo que **La Veguetilla**, Tel. 928 66 07 64, en la misma localidad; en este último, una de sus especialidades es el mero con salsa de cilantro. Otro de los lugares donde vale la pena detenerse es en el restaurante **Martell**, Tel. 928 64 12 83, situado en El Madroñal, pueblecito que se encuentra antes de San Mateo; allí podemos degustar cocina española con toques creativos, además de una buena selección de quesos y vinos de la isla.

En el valle de Agaete, tanto en **Casa Romántica**, Tel. 928 89 80 84, como en el hotel **Princesa Guayarmina**, Tel. 928 89 80 09, elaboran una buena cocina del país; el primero de ellos añade el lugar rodeado de jardín y algunos platos creativos. En el centro de la isla tenemos, en Artenara, el restaurante **La Esquina**, Tel. 928 66 63 40, y en La Cruz de Tejeda, el **Parador de Turismo**, Tel. 928 65 80 50, ambos con una buena cocina regional, lo mismo que en **El Hao**, Tel. 928 79 80 07, y **El Alpendre**, Tel. 928 79 84 49, el primero en Santa Lucía y el segundo en el barrio de La Sorrueda, cercano a esta última población. Otro de los lugares de esta zona donde se come de maravilla y está situado en un lugar encantador es la **Hospedería de Fataga**, Tel. 928 17 20 89. Finalmente, en Puerto de Mogán, el restaurante **La Cofradía**, Tel. 928 56 53 21, situado en el muelle, nos ofrece pescado fresco, y en la villa de Agüimes, el restaurante **El Oroval**, Tel. 928 78 50 03, en el hotel Casa de los Camellos, nos propone una cocina tradicional con algunos toques creativos.

Potaje de berros del restaurante La Veguetilla.

TURISMO ACTIVO

• Senderismo

En Gran Canaria hay numerosos espacios protegidos y, como hemos dicho al principio, una buena red de senderos para recorrer a pie. Hay varios grupos de montaña, además de alguna empresa que se dedica a ofertar excursiones y actividades de aventura.

Naturcan (Centro interpretación de la Degollada Becerra). Tel. 928 66 62 55.
IDEFIR (senderismo y rutas a caballo). Tel. 928 66 16 68 (San Mateo)
Canariaventura (excursiones multiaventura). Tel. 928 76 41 36
Deportes Tacoronte. Tel. 928 24 21 67 (Las Palmas)
Federación Gran Canaria de Montañismo. Tel. 928 46 00 45

• Golf

Gran Canaria, por su clima, es todo un paraíso para los amantes del golf. Además de los dos campos existentes, hay cinco más en proyecto.

El **Real Club de Golf** está en Bandama, cerca de la capital, y se trata del club de golf más antiguo de España. Tiene 18 hoyos, pistas de tenis, equitación, restaurante y un bonito hotel. Tel. 928 35 01 04.

El **Maspalomas Golf Club** se encuentra en el Sur de la isla rodeado de vegetación; dispone de 18 hoyos, par 73. Tel. 928 76 25 81.

• Vela, pesca

Los deportes náuticos son una actividad que se puede practicar en esta isla con casi 200 km de costa. Desde alquiler de veleros a paseos en barcos a motor, además de windsurf, motonáutica y otras actividades.

Veleros en Puerto de Mogán.

El Puerto de la Luz en Las Palmas de Gran Canaria es uno de los más importantes del Atlántico. En él recalan

barcos de medio mundo formando una especie de Babel de razas y naciones.

• Puertos deportivos

Las Palmas de Gran Canaria dispone de 840 amarres con todo tipo de servicios. Tel. 928 24 41 01.

Puerto de Mogán dispone de 225 amarres; hay numerosas embarcaciones de alquiler para excursiones marítimas. Tels. 928 56 56 68 - 928 56 51 11.

Puerto Rico dispone de 531 amarres con una eslora máxima de 16 m, aunque en el dique pueden amarrar barcos mucho más grandes. Hay muchas embarcaciones de alquiler. Tels. 928 56 11 41 - 928 56 11 43.

Pasito Blanco, está cerca de Maspalomas y dispone de 840 amarres. Tels. 928 14 21 94 - 928 14 25 46.

Puerto de Arguineguín es un puerto mixto (deportivo y de pesca), que dispone de un pantalán con una capacidad de 50 amarres para los barcos deportivos. Tel. 928 73 64 41.

• Paseos en barco

San Miguel, velero de 30 m de eslora anclado en Puerto Rico (salidas diarias). Tel. 928 76 00 76.

Tamarix, velero de 10 m de eslora que se encuentra en Puerto Rico, con capacidad de entre 2 y 6 personas. Tel. 928 60 32 16.

Timanfaya, especie de galeón de 34 m de eslora que sale cada día de Puerto Rico. Tels. 928 26 82 80 - 928 76 26 96.

Albertina, velero de 15 m de eslora con base en Puerto Rico. Tel. 928 56 94 44.

Aristocat, catamarán de 10,6 m de eslora que sale cada día de Puerto Rico, con paseos de un par de horas. Tel. 928 15 00 10.

Tweeny, catamarán de 11 m de eslora con base en Puerto Rico. Tel. 928 15 00 10.

Blue Bird, barco a motor de 30 m de eslora que sale cada día a las 11 h de Puerto Rico. Tel. 928 76 00 76.

Líneas Salmón es una línea marítima regular entre Arguineguín, Puerto Rico y Puerto de Mogán. Tel. 928 24 37 08.

• Alquiler de embarcaciones

Charade, velero Contest 46 de 14 m de eslora, que se alquila por semanas con patrón. Tel. 928 56 94 44.

March, velero Elan 38 de 12 m de eslora, que se alquila por semanas sin patrón. Tel. 928 56 94 44.

Carnaval, velero Sun Odissey 36 de de 11 m de eslora, que se alquila por semanas sin patrón. Tel. 928 56 94 44.

• Pesca deportiva

A mitad de primavera es el momento en el que pasan los atunes por el archipiélago canario. Además también se puede pescar merlín azul, tiburón, pez espada, picudo blanco y numerosas especies, algunas de las cuales sobrepasan los 250 kg.

Alborea II. Tels. 928 56 12 57 - 608 92 80 77
Alcor III, Alcor IV, Spica II. Tel. 928 73 59 06 (Puerto Rico)
Barakuda II. Tels. 928 73 50 80 - 608 64 28 82
Billfish Fever II. Tels. 928 56 50 95 - 928 56 52 24 (Puerto de Mogán)
Blue Marlin. Tel. 928 56 50 71 (Puerto Rico)
Carmen I. Tel. 928 73 50 13 (Arguineguín)
Dorado. Tel. 928 56 55 21 (Puerto Rico)
Felusi. Tel. 928 15 00 98 (Puerto Rico)
Punta Umbría, barco aventura de 42 m de eslora. Tels. 928 26 82 82 - 928 76 26 96 (Puerto Rico)

• Submarinismo

Los fondos de Gran Canaria bien merecen un paseo submarino; los aficionados a este deporte disponen de cuatro empresas perfectamente preparadas que les llevarán de inmersión.

Centro Náutico de Buceo dispone de 40 equipos de alquiler, compresores de carga y una lancha neumática para 14 personas Tiene su sede en el Hotel IFA-Interclub Atlántic. Tels. 928 77 02 00 - 608 64 28 16 (San Agustín).

En el **Centro turístico de buceo Sun Sub** realizan inmersiones desde la costa y en un barco que sale de Las Palmas. Disponen de equipos y monitores especializados. Tel. 928 76 88 64. Tiene su sede en el Hotel Buenaventura Playa (escuela de submarinismo). Tel. 928 76 16 50 (Playa del Inglés).

En **Club Solana II** disponen de 25 equipos de alquiler y un barco de 25 m de eslora. Tel. 608 01 04 04 (Las Palmas).

En **Top Diving** disponen de un barco de 8 m de eslora con una capacidad para 16 personas y una lancha fuera borda de 6 m para 10 personas. Tel. 928 56 56 77 (Puerto Escala-Puerto Rico).

Playa de Las Canteras en Las Palmas de Gran Canaria.

Población de Haría y volcán Corona.

Es una isla de 795 km^2, en la que lo primero que sorprende es el contraste de colores: la diferencia entre el verde intenso de palmeras y cactus con el negro de la lava, o el rojizo del *rofe* o *picón*, que a su vez resaltan el blanco impoluto de los pueblos. El viento omnipresente mueve gigantescos artilugios; la mano de César Manrique se adivina por todas partes. Él inculcó a las gentes de Lanzarote un enorme sentido por la estética y consiguió en parte salvar la isla de un turismo desordenado, aunque lo que no pudo evitar fue que pasara a manos alemanas, circunstancia extensible a toda Canarias.

Lanzarote es una isla que empezó a formarse hace unos 20 millones de años y terminó (por el momento) en el siglo XVIII con seis años seguidos de erupciones. Si es una de las islas más «viejas» del archipiélago canario, también fue la primera de las siete islas en caer en manos castellanas; Juan de Bethencourt, junto con Gadifer de la Salle, ambos normandos al servicio del rey de Castilla, pusieron los pies en la isla en 1402, aunque antes ya habían desembarcado aquí otros marineros con suertes distintas.

Toda la isla está declarada Reserva de la Biosfera por la UNESCO desde 1993. Además, hay el Parque Nacional de Timanfaya y un buen número de pequeños espacios protegidos. Uno de ellos es el archipiélago Chinijo que se encuentra al Norte a muy poca distancia. De los cinco islotes que lo forman, sólo Graciosa (la más próxima a Lanzarote) está habitada. Desde el pueblo de Orzola unos barcos llevan diariamente a Caleta del Sebo, pequeña población donde se centra toda la actividad de esta pequeña isla.

Por lo demás, una red de carreteras permite recorrer Lanzarote; aquí, lo mismo que en Fuerteventura, no sucede como en las demás islas Canarias, que al tener una geografía más montañosa, las carreteras se convierten en una sucesión interminable de curvas. Sólo si vamos hacia el Norte, al pasar por las Peñas del Chache, deberemos seguir un trazado sinuoso para llegar a Haría.

ITINERARIO 1
HACIA EL NORTE DE LA ISLA

Un recorrido hacia el Norte de la isla que parte desde la capital **Arrecife,** nos acercará hasta la **Fundación César Manrique** antes de llegar al pueblo de Tahiche; vale la pena ver lo que fue la casa de este artista para comprender mejor su concepto del urbanismo (véase Lugares de interés). La carretera LZ-10 nos llevará hasta **Teguise**; la que fuera antigua capital de la isla es hoy una de las localidades que mejor se conserva, con algunos monumentos para visitar. La carretera, después de pasar por la aldea dispersa de **Los Valles**, empieza a elevarse hasta las **Peñas del Chache**, que con 670 m es el punto más alto de Lanzarote. Las antenas de unas instalaciones militares pueblan este lugar, pero si avanzamos un trecho por la pista de tierra que sale a la izquierda de la carretera, llegaremos hasta la **Cueva de Don Justo**, que se encuentra colgada en los riscos de Famara. Don Justo, que murió hace unos quince años, durante toda su vida se dedicó a extraer *rofe* (ceniza de lava volcánica), con la que, en la parte alta de esta meseta, se dedicaba a cultivar todo tipo de hortalizas y melones. Esta tierra, como es porosa, tiene la cualidad de absorber toda la humedad y a la vez evitar que se evapore el agua del suelo, algo que en un país donde llueve poco es toda una ventaja.

Don Justo bajaba a San Bartolomé a vender su producción, o más bien a cambiarla por vino, el cual le ayudó a pasar muchos de los ratos en tan inóspito lugar. Hasta la cueva se accede por un pequeño sendero con escalones excavado en la misma tierra. La vista que desde allí se domina es espeluznante, con la bahía de Penedo a nuestros pies, donde destacan como pequeñas manchas blancas la urbanización Famara y la aldea de La Caleta.

La carretera LZ-10 empieza a serpentear en su descenso hacia **Haría**; por el camino encontraremos varios miradores donde vale la pena impresionar algunas imágenes, de la costa de levante por un lado con los pueblos de Arrieta y Tabayesco, o del mismo Haría con el volcán Corona de telón de fondo. Este pueblo salpicado de palmeras y pequeños huertos, donde las casas blancas contrastan con el suelo negro, tiene un encanto especial.

Una vez pasado **Máguez**, donde hay una Aula de la Naturaleza (Tels. 928 81 46 16 / 928 81 44 81) y antes de cruzar Ye, sale por la derecha una pista donde podemos dejar el vehículo, para tomar el sendero que nos llevará hasta el **volcán Corona**. En media hora a buen paso llegaremos al borde inferior de este cráter, después de cruzar por un paisaje de huertas abandonadas cuyas higueras están pobladas de líquenes. Podemos prolongar la excursión dando una vuelta alrededor de la corona, lo que nos llevará unos 45 minutos más.

La próxima parada en nuestro recorrido hacia el Norte será el **mirador del Río**; estamos en la punta más septentrional de la isla y (véase Lugares de interés), tanto desde el mirador como si avanzamos un trecho sobre el risco (hay una pista que nos deja justo sobre el acantilado donde hay un punto de despegue de ala delta), tendremos una visión perfecta del archipiélago Chinijo, con la isla Graciosa en primer término.

Teguise.

Itinerario 2
Hacia el Sur de la isla

Un itinerario hacia el Sur de la isla que parte desde **Arrecife** nos puede llevar por la LZ-20 directamente a **Mozaga**, donde se encuentra el monumento al Campesino, diseñado por César Manrique.

Desde aquí emprenderemos camino hacia el Parque Nacional de Timanfaya para visitar las Montañas del Fuego, pero antes o después debemos atravesar **La Geria**, zona donde se cultiva la vid en un paisaje plagado de pequeños agujeros llamados gerias; cada viñedo, protegido del viento por un círculo de piedras, está en el fondo de uno de estos embudos, y se alimenta del agua del rocío y de la escasa lluvia. Pero si usted quiere saber más sobre el cultivo del vino, a pocos kilómetros de Mozaga, por la LZ-30 en dirección a Uga, se encuentra el museo del vino, que tiene las bodegas El Grifo.

Si continuamos hacia Timanfaya por la LZ-20, al pasar por Tiagua tenemos el Centro El Patio, donde también podemos aprender muchas cosas sobre el mundo rural. Al aproximarnos a Timanfaya encontraremos el Centro de Visitantes Montaña Blanca, precioso edificio perfectamente integrado en el paisaje, en el que podemos ver una exposición permanente con paneles interactivos sobre este mundo de lava que nos rodea. (Horario: de 9 h a 17 h. Tel. 928 84 08 39.) Desde aquí se organizan excursiones gratuitas a pie por la zona del pre-parque; de todas maneras, si queremos adentrarnos por nuestra cuenta en este mundo sorprendente, a 2,4 km del centro en dirección a Timanfaya, sale por la izquierda una senda que nos llevará hasta Pico Partido (al otro lado de la carretera hay uno de los diablos que anuncian el parque). Este camino entre la lava solidificada, en una media hora nos llevará hasta este volcán; el último tramo del sendero se realiza por el interior de la lengua de lava que al solidificarse se abrió. Con un poco más de esfuerzo podemos subir hasta uno de los bordes y observar todo el campo de lava que se extiende a nuestros pies.

La sucesiva emisión de lavas y la acción del viento han configurado el paisaje de **Timanfaya** (cuyo nombre proviene de un caudillo aborigen), de una plástica atormentada y agreste, donde se superponen los distintos materiales (lavas, lapilis, cenizas, etc.). El vocablo «malpaís» viene a definir en toda Canarias este tipo de paisaje;

Colada de lava del volcán Pico Partido.

precisamente, las erupciones de 1730 a 1736 y las de 1824 sepultaron las partes más fértiles de la isla, así como algunos pueblos.

La visita a las Montañas de Fuego es de estas cosas que si no se ha visto nunca, vale la pena ver aunque sólo sea una vez (1.000 Pta./persona). La carretera nos lleva hasta el Islote Hilario donde está el aparcamiento; desde allí se inicia el trayecto de 14 km en una guagua por la denominada «ruta de los volcanes», donde durante 40 minutos recorreremos las zonas más interesantes del Parque Nacional mientras una cinta magnetofónica nos da todas las explicaciones pertinentes. Antes o después asistiremos a lo que pomposamente se llaman pruebas geotérmicas, en las que se introduce agua por unos tubos hundidos en el suelo y por el efecto del calor que conservan las capas más profundas, a los pocos segundos sale convertida en vapor en una especie de géiser. Y es que, debajo de la superficie, a sólo 10 cm de profundidad, se conserva una temperatura residual en torno a los 150 °C. En el lugar hay además bar, restaurante y tienda de recuerdos. (Horario: de 9 h a 17:45 h; la última visita en el bus se realiza a las 17 h, Tel. 928 84 00 57 - 928 84 00 56.) Es el sitio más visitado de Lanzarote y el segundo de toda Canarias.

La Geria.

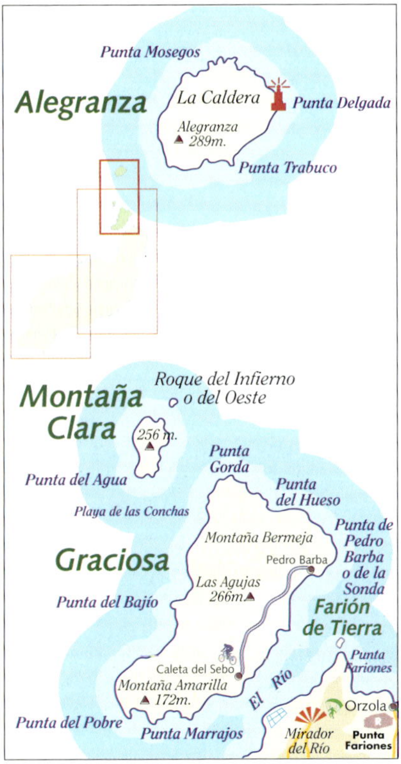

Si seguimos adelante por la misma carretera, los dromedarios nos esperan para dar un paseo; una singular caravana recorre a diario los paisajes volcánicos. Pronto llegaremos a **Yaiza**, bonita población donde se encuentran un maravilloso hotelito y algún restaurante de agradable diseño. Para continuar hacia Playa Blanca, tenemos dos opciones. La primera, tomar la remodelada LZ-2 que en menos de un cuarto de hora nos dejará en este centro turístico. La otra consiste en seguir por la antigua carretera que discurre paralela a la anterior; desde ella tendremos la oportunidad de desviarnos hacia las **Salinas de Janubio**, espectacular campo de sal que se sigue explotando, y posteriormente llegar hasta **El Golfo**, cráter que se ha formado en la costa junto al mar, que ha destruido una parte, creando una laguna interior denominada Charco de los Clicos, de color verde intenso. En las cuatro casas que forman el poblado detrás del cráter encontraremos algún restaurante para comer buen pescado.

Alrededores de Haría.

Roque del Infierno o del Oeste
256m.
Montaña Clara
Punta Gorda
Punta del Agua
Playa de las Conchas
Punta del Hueso
Graciosa
Montaña Bermeja
Punta de Pedro Barba o de la Sonda
Las Agujas
266m.
Pedro Barba
Punta del Bajío
Farión de Tierra
Punta Fariones
Caleta del Sebo
Montaña Amarilla
172m.
El Río
Orzola
Punta del Pobre
Punta Marrajos
Mirador del Río
Punta Fariones
Punta del Palo
OCÉANO ATLÁNTICO
Ye
Risco de Famara
Monte Corona
609m.
Guinate
LZ-1
Malpaís de la Corona
Los Lomillos
Punta Escamas
Lanzarote
Máguez
Cueva de los Verdes
Jameos del Agua
Haría
Playa de Famara
Punta de Mujeres
Punta Guerra
Amanecer
Tabayesco
Arrieta
Caleta del Caballo
El Islote
Bahía de Penedo
Cueva de D. Justo
Playa de la Garita
Caleta de Famara
La Costa
Peñas del Chache
670m.
La Santa
ERMITA DE LAS NIEVES
Cueva de los Pilares
Punta Pasito
Mala
Sóo
Borita
LZ-10
El Jable
Las Laderas
El Aljibe
Catalina
El Barranco
LZ-1
El Cuchillo
Los Valles
Punta Abrigada
Muñique
ERMITA DE SAN JOSÉ
Guatiza
Chimida
El Mojón
Teguise
Teseguite
Ikaurus
CASTILLO DE GUANAPAY
La Casita Altavista
Tiagua
La Vegueta
Tisalaya
Oasis del Nazaret
Tao
Nazaret
Las Cabreras
LZ-20
LZ-30
LZ-10
Punta de Tierra Negra
Caserío de Mozaga
Mozaga
Tahiche
327m.
El Islote
MONUMENTO AL CAMPESINO
Tahiche
FUNDACIÓN CÉSAR MANRIQUE
Costa Teguise
Masdache
San Bartolomé
LZ-1
Punta de Tope
Montaña Blanca
Finca Masdache Bellavista
LZ-20
Argana Alta
Maneje
Punta de Lomo Gordo
Montaña Blanca
556m.
Güime
Argana Baja
Arrecife
CASTILLO DE SAN JOSÉ
Casas de Guasimeta
Playa del Cable
CASTILLO DE SAN GABRIEL
Tías
LZ-2
Playa Honda
Aeropuerto de Lanzarote
Playa de Matagorda
Punta Montañosa
Las Playas
Playa de los Pocillos
Punta El Barranquillo

TURISMO RURAL

En Lanzarote no hay demasiadas casas de turismo rural, pero el nivel de calidad de las que se pueden alquilar a través de la **Asociación de Turismo Rural Isla Mítica** (Tel. 928 81 16 54) es elevado. Otra dirección a tener en cuenta, tanto para temas de turismo rural como de información en general, es la de AETUR (Federación de Empresarios Turísticos de Lanzarote), Tels. 928 81 16 54-928 80 04 56.

LA GERIA

- **Villa Romero**

Se encuentra dentro de una finca de 20.000 m^2 junto al Parque Nacional de Timanfaya. Cuenta con dos habitaciones, comedor, salón con chimenea, cocina, cuarto de baño y terrazas desde donde se domina una excelente panorámica. La energía es solar. Tel. Isla Viva 928 84 57 23.

MALA

- **Casa Borita**

Se trata de una vivienda unifamiliar de origen agrícola situada al Noreste de la isla, que se ha rehabilitado, conservando los elementos esenciales de la arquitectura de Lanzarote.

Alrededor de un patio interior se encuentran las estancias: dos habitaciones dobles (una de ellas con baño), una individual, cuarto de baño y salón desde el que se accede a la cocina. Alrededor de la vivienda hay un pequeño jardín donde crecen los cactus. En el precio de la estancia se incluyen bicicletas para realizar excursiones. Tels. 928 84 82 91 - 609 44 98 17.

MASDACHE

- **Finca Masdache**

Apartamento lateral de una antigua casa de labranza, situada dentro de este pueblo que se encuentra en el centro de la isla, cerca de San Bartolomé.

Consta de dormitorio-salón, cocina-comedor y cuarto de baño; a estas tres dependencias se accede a través de un corredor abierto. Tel. Isla Viva 928 84 57 23.

- **Casa Bellavista**

Vivienda rural situada en las afueras del pueblo, sobre una colina, con una amplia panorámica de los alrededores. Las estancias, sumamente acogedoras, se distribuyen alrededor de un patio abierto donde hay un eucalipto; dispone de dos habitaciones, cocina-comedor, cuarto de baño y terraza. La energía es eólica y solar. Tel. Isla Viva 928 84 57 23.

SAN BARTOLOMÉ DE LANZAROTE

- **Caserío de Mozaga**

Se trata de una edificación de finales del siglo XVIII, situada en el centro de la isla, en una finca que se dedica al cultivo de plantas autóctonas, principalmente palmeras y drago.

Gonzalo Bethancourt y su hermana Rosario se han encargado de rehabilitar la casa y darle un aire encantador con múltiples detalles. Alrededor del patio interior con galería cubierta se encuentran cuatro de las habitaciones, todas con baño, y dos de ellas con salón, mientras que las tres restantes (una de ellas individual) están en un edificio anejo a la casa.

En todas las habitaciones, donde se ha conservado la arquitectura original, hay teléfono, conexión a internet, minibar, televisión vía satélite y secador de pelo.

Los desayunos están incluidos en el precio de la habitación y existe la opción de cenar previo encargo. Tel. 928 52 00 60.

TEGUISE

• Estudio Chimida

Se trata de un acogedor estudio, construcción lateral a una hermosa casa rural, que dispone de una habitación, cocina-comedor-salón y cuarto de baño.

Está a cinco minutos del casco histórico de Teguise. Tel. Isla Viva 928 84 57 23.

TESEGUITE

• La Casita

Pequeño y confortable estudio situado en un extremo independiente de una casa rural, compuesto de salón con chimenea convertible en dormitorio, cocina, cuarto de baño y jardín.

Teseguite se encuentra muy cerca de Teguise. Tel. Isla Viva 928 84 57 23.

• Casa Altavista

Se trata de una casa de labranza ubicada en la parte alta del pueblo y rodeada de terrenos de cultivo. Posee un amplio patio central, dos habitaciones, salón con estufa de leña, cocina, cuarto de baño y jardines. Tel. Isla Viva 928 84 57 23.

LA VEGUETA

• Tisalaya

Se trata de una casa rural de un centenar de años situada en una zona agrícola, a 3 km de este pueblo que se encuentra en el centro de la isla.

En la primera planta se alquila un luminoso estudio compuesto por una habitación, cocina-comedor, salón, cuarto de baño y terraza. Abajo hay un apartamento con una habitación, salón-comedor, cocina y cuarto de baño. En ambos la decoración es sencilla pero muy acogedora, mientras que la energía se suministra por placas solares. Tel Isla Viva 928 84 57 23.

LOS VALLES

• El Aljibe, Casa Catalina, El Barranco

En el diseminado pueblo de Los Valles, situado al Norte de la isla entre Teguise y Haría, Gerardo Fontes ha rehabilitado tres viviendas encantadoras para el turismo rural, con espacios abiertos y entradas de luz que combinan con esculturas modernas y objetos recuperados del mundo rural. Todo ello acompañado del toque de color que le confieren las plantas.

El Aljibe es una amplia vivienda para dos personas donde se duerme en el interior del antiguo aljibe para el agua; la cama queda suspendida sobre el salón, al que se accede por una escalera. Arriba se ubica una cocina americana y el cuarto de baño, todo ello abierto al espacio exterior donde se encuentra una pequeña terraza. A su lado se encuentra **Casa Catalina** que comparte con la anterior la zona de aparcamiento y la piscina. Esta vivienda es muy amplia y se puede dividir en dos partes según las necesidades del cliente.

La primera consta de terraza cubierta, una habitación con baño, salón, comedor y cocina, mientras la segunda tiene terraza exterior, tres habitaciones, en dos de las cuales hay baño, cocina-salón-comedor y cuarto de baño.

Algo más alejada se encuentra la tercera vivienda llamada **El Barranco**, que por su disposición y amplitud es ideal para un par de familias con niños. Tiene tres habitaciones, una muy amplia con su cuarto de baño abierto en la estancia, otra también con baño y la tercera en una especie de habitación-altillo.

Alrededor de la terraza exterior se encuentra una galería acristalada desde la que se accede al comedor, con un pequeño salón para la televisión, a la cocina, que también tiene otro comedor, y a un cuarto de baño. En todos los casos hay bicicletas a disposición de los clientes, equipos de música, televisión vía satélite y cocina con todos los accesorios. Tel. 928 52 80 19.

HOTELES SINGULARES

La mayor oferta hotelera se concentra principalmente en los tres centros turísticos de la isla: Costa Teguise, Puerto del Carmen y Playa Blanca. Fuera de aquí no encontraremos demasiados establecimientos hoteleros de una cierta calidad.

• Hotel Las Salinas

Se trata de una antigua mansión del siglo XVIII situada en el bello pueblo de Yaiza, cercano al Parque Nacional de Timanfaya, que ha sido reconvertido en un encantador hotel de cuatro estrellas con todas las comodidades. En el edificio principal se encuentra el restaurante, abierto preferentemente a los huéspedes, el bar, una terraza en un patio interior y cuatro de las habitaciones (dos de ellas suites). También el antiguo lagar se ha convertido en una singular bodega.

Donde estaban las cuadras se encuentran ahora quince habitaciones, todas con su baño, televisión, teléfono, mini-bar, aire acondicionado, etc. El hotel se completa con una bonita piscina con bar, sala de ping-pong y billar, pista de tenis y petanca, gimnasio, sauna y *jacuzzi*. Un verdadero paraíso perfectamente ambientado, para disfrutar de los parajes naturales que lo rodean.

Dirección

Hotel Las Salinas
Yaiza - Tel. 928 83 03 25

LUGARES DE INTERÉS

César Manrique diseñó seis de los lugares más visitados de esta isla y a él queremos dedicar las primeras palabras de este apartado. Este artista polifacético influyó de manera decisoria en la isla que le vio nacer. Fue conservador respecto a la arquitectura tradicional y los parajes naturales y a la vez innovador en cuanto a las formas y aprovechamiento de los espacios. Pintor, escultor, urbanista, su huella permanece en Lanzarote, aunque también exportó su arte a las demás islas Canarias y a la Península. Nació en Arrecife el año 1919 y murió en accidente de tráfico en 1992; durante esos 73 años pasó largas temporadas en Madrid y Nueva York, para volver definitivamente a Lanzarote en 1968. Visitar su casa, sede de la Fundación que lleva su nombre, es comprender un poco la visión futurista de este hombre respecto al aprovechamiento de los espacios.

La **Fundación César Manrique** se encuentra cerca de la carretera de Arrecife a Teguise y en la que fuera casa del artista, situada sobre una colada de lava, se encuentra actualmente obra gráfica de artistas contemporáneos en la planta superior, mientras que el nivel subterráneo aprovecha cinco burbujas volcánicas naturales conectadas entre sí por pasillos, además de una pequeña piscina con jardines, donde Manrique había establecido parte de su vivienda. (Horario: del 1 de noviembre al 30 de junio, de lunes a sábados, de 10 h a 18 h; domingos, de 10 h a 15 h; del 1 de julio al 31 de octubre, de 10 h a 19 h, todos los días. Tel. 928 84 31 38.)

El **mirador del Río** fue una de las primeras obras en las que intervino César Manrique. El edificio está excavado en la roca en el Norte de la isla y desde su ubicación se contemplan los islotes del archipiélago Chinijo. Del interior curvado y laberíntico cuelgan esculturas compuestas de varillas y láminas de hierro. (Horario: de 10 h a 18 h.)

Jameo es la palabra que designa la parte de un tubo volcánico del que se ha derrumbado el techo. Los **Jameos del Agua** situados al Noreste de Lanzarote, combinan el espacio natural que se creó en este tubo volcánico con laguna interior incluida, con otros como el restaurante, auditorio, bar, jardines y museo de vulcanología.

Fue la primera obra en la que intervino César Manrique, y en el lago natural hay un pequeño cangrejo albino y ciego, especie endémica de la isla, que intenta sobrevivir a pesar de las monedas que la gente arroja al agua (hay carteles que prohíben esta absurda costumbre). (Horario: de 9:30 h a 19 h. Tel. 928 83 50 10 - 928 84 80 20.)

Cueva de los Verdes.

Castillo de San Gabriel en Arrecife.

La **Cueva de los Verdes** se encuentra muy cerca de la anterior y forma parte del mismo tubo volcánico que viene del Monte Corona. La corriente de lava incandescente que corría hacia la costa fue solidificándose en la superficie, formando los techos, mientras la lava fluía por el interior; la acumulación de gases reventó alguna de las concavidades dando lugar a su actual estructura, con los estafilitos (gotas de lava solidificada) colgando del techo. Hay un kilómetro que está acondicionado para visitas, y el recorrido de vuelta se realiza por una galería que discurre sobre la de la ida. (Horario: de 10 h a 18 h. Tel. 928 17 32 20.)

Entre las localidades de Mala y Guatiza se encuentra el **Jardín de Cactus**, una de las últimas obras de Manrique, cuya imagen exterior es un enorme cactus de hierro de 8 m de altura. El jardín, muy bien ordenado alrededor de un molino restaurado, contiene una buena colección de cactus y un pequeño restaurante. (Horario: de 10 h a 18 h. Tel. 928 52 93 97.)

En esta zona de Lanzarote se cultiva aún la cochinilla que parasita en un tipo de cactus denominado tunera o chumbera. De este insecto, una vez seco, se extrae un tinte de color rojizo muy utilizado en la industria textil. La cría de la cochinilla fue un negocio próspero y ahora aún se cultiva en algunos campos a nivel artesanal. Por un kilo de cochinilla se llegan a pagar unas 15.000 Pta.

En el centro de la isla, junto a la población de Mozaga, se levanta el **monumento al Campesino** que, junto con el museo, representan un pequeño homenaje al mundo rural. El monumento fue creado por el artista con tanques de agua de viejos barcos de pesca, mientras que la casa-museo contiene una colección de útiles e instrumentos utilizados por los campesinos. En este lugar también se ubican restaurante y talleres de artesanía. (Horario de 10 h a 18 h. Tel. 928 52 01 36.)

Finalmente, en el castillo de San José de Arrecife se halla ubicado el **Museo Internacional de Arte Contemporáneo**, con una colección de obras de Tàpies, Mompó, Zóbel y otros artistas contemporáneos, además del propio Manrique. La que fue fortaleza construida entre 1776 y 1779 encima del puerto, alberga ahora también un bonito restaurante de acristalados ventanales. (Horario del museo: de 11 h a 21 h. Tels. 928 81 23 21 - 928 80 06 16.)

En Arrecife, además, está el **Museo Arqueológico** instalado en el castillo de San Gabriel, fortaleza que defiende el puerto de Naos y desde donde se goza de una buena perspectiva de la ciudad. (Horario: de 9 h a 14:45 h. Tel 928 81 19 50.) Todos estos centros están regidos por el Departamento de Arte, Cultura y Turismo del Cabildo, c/ García Escámez, 157. Tels. 928 81 10 60 - 928 80 15 00 (Arrecife de Lanzarote).

La obra de César Manrique se encuentra muy presente por todo Lanzarote; aquí vemos móviles en distintos puntos de la isla y los Jameos del agua.

La casa de César Manrique convertida en Museo.

Diabletes en Teguise.

En la isla, además de estos lugares, es recomendable dar una vuelta por **Teguise**; la que fuera capital de la isla es una de las poblaciones más interesantes, tanto a nivel monumental como por la configuración de su entramado urbano (está declarada conjunto histórico-artístico). Destaca en el centro la parroquia de San Miguel y, en la misma plaza, el palacio de Spínola, cuyo interior rehabilitado se puede visitar. (Horario: de lunes a viernes, de 9 h a 15 h; fines de semana, de 9:30 h a 14 h; miércoles, cerrado.) La iglesia de lo que fue el convento de San Francisco, en la entrada de la población, se ha rehabilitado convirtiéndola en sala de exposiciones y actividades culturales. En su interior se pueden ver un par de retablos barrocos y la pila del agua bendita hecha de piedra volcánica en una sola pieza. (Horario: de lunes a viernes, de 9 h a 15 h; sábados y domingos, de 9:30 h a 14 h; martes, cerrado.)

El castillo de Guanapay está situado en la montaña del mismo nombre y desde él se domina una buena vista de la localidad. En su interior se ha instalado el museo del Emigrante, que recoge todo lo concerniente a aquellos que se vieron obligados a marchar hacia América. (Horario: invierno, de lunes a viernes, de 10 h a 17 h; sábados, domingos y festivos, de 10 h a 16 h, en verano, entre semana, se cierrra una hora antes. Tel. 928 84 50 01.)

En Teguise hay numerosas tiendas de artesanía, bares y restaurantes; muchos de estos negocios, así como bastantes de los palacetes están en manos de extranjeros (principalmente, alemanes). En esta población se conserva una de las fiestas mezcla de creencias aborígenes y elementos castellanos, junto con supersticiones traídas por los esclavos negros. Los «diabletes» se celebran entre la Navidad y la Epifanía, e intervienen los diablos con sus trajes, esquilas y caretas, que bailan y corren por toda la población.

En el pueblecito de Tiagua, cercano a Teguise, en al conjunto arquitectónico El Patio, donde no faltan los molinos de viento, se ha instalado un **Museo Agrícola** digno de visitar. (Horario: de lunes a viernes, de 10 h a 17 h; sábados, de 10 h a 14:30 h; domingos, cerrado. Tel. 928 52 91 34.)

Demostraciones en Timanfaya.

GASTRONOMÍA

Restaurante en el castillo de San José de Arrecife.

En Lanzarote, las viñas constituyen no solamente el elemento de donde sale el vino, sino un motivo de fotografía por su disposición dentro del paisaje volcánico. La zona de La Geria con su pequeños «cráteres» ocupados por cada viña, es una obra digna de admiración. Próxima a ella se encuentran las bodegas El Grifo, donde está el Museo del Vino, que ocupa una bodega del siglo XVIII, con el lagar y todos los útiles para el cultivo, fermentación y conservación del vino. (Horario: de 10:30 h a 18 h. Tel. 928 52 05 00.)

Fue después de la erupción de 1730, que arrasó los campos de cereal, que en unas tierras en principio yermas, se pasó al cultivo de la vid. Para ello se contó con un aliado de excepción; la ceniza volcánica (el *picón*) es un excelente vehículo para retener la humedad. El hombre hizo el resto y aunque el rendimiento de las cepas es bajo, finalmente se produce un vino de alta calidad avalado por una denominación de origen. De la uva malvasía y listán blanco y negro, salen vinos blancos, rosados y tintos agradables, con un sabor peculiar.

En cuanto a los restaurantes, **La Era**, Tel. 928 83 00 16, en Yaíza, es un bonito caserío con diversos rincones donde podemos degustar cocina tradicional. En Playa Blanca, el **Almacén de la Sal**, Tel. 928 51 78 85, es precisamente un antiguo almacén donde se guardaba la sal, que ahora se ha convertido en un restaurante de cocina vasca especializado en bacalao y pescado a la sal, con un casco de barca colgado en el techo. En este mismo lugar es también recomendable **Casa Brígida**, especializada en mariscos.

En el pueblecito de El Golfo, el restaurante **Mar Azul** nos ofrece buen pescado fresco, además de boquerones en escabeche y filetes de pescado crudo macerados sólo con ajo y limón. En Arrieta, el restaurante **Amanecer**, con una terraza frente al mar, es sencillo pero con buenos productos, lo mismo que en Orzola el restaurante **Punta Fariones**, Tel. 928 84 25 58. En Teguise, el **Ikaurus**, Tel. 928 84 53 32, en manos de alemanes, nos ofrece cocina vegetariana y especialidades como el *ragout* de conejo con aceitunas y menta, puntas de solomillo de cerdo con gambas, verduras y curry, o langostinos en salsa de azafrán, y en Uga, el restaurante **Casa Gregorio**, Tel. 928 83 01 08, ofrece comida típicamente canaria (caldo de millo o trigo, cabrito frito, etc.); los domingos y festivos hay puchero y *sancocho*.

TURISMO ACTIVO

• Senderismo, kayac, tiro con arco, BTT, escalada, paseos a caballo

Econatura es una empresa especializada en programar multiaventura, que tiene su base cerca de Arrieta. Allí hay montada una tirolina, la zona de tiro con arco y los vestuarios; el edificio ha sido construido pensando en el menor impacto sobre el medio natural, y la energía eléctrica la proporciona un molino eólico que no cesa de dar vueltas.

Desde el centro hípico **Rancho Texas**, nos proponen desde paseos de tres horas hasta una jornada entera a lomos de un caballo, lo mismo que **Lanzarote a caballo**, aunque estos últimos centran su actividad en los alrededores de Uga.

Econatura. Tel. 928 17 31 06 (Ctra. Mala-Arrieta)
Rancho Texas. Tels. 928 17 32 47 -928 17 35 12 (Puerto del Carmen)
Lanzarote a caballo. Tel. 928 83 03 14 (Ctra. Arrecife-Yaíza P.K.-17)

• Alquiler de bicicletas

Tommy's Bikes. Tel. 928 59 23 27 (Costa Teguise)
Hot Bike. Tel. 928 59 03 04 (Costa Teguise)
Trax, the Mountain Bike Center. Tel. 928 59 20 28 (Costa Teguise)
Fire Mountain Biking. Tel. 928 51 22 67 (Puerto del Carmen)
Martin Bike Hire. Tel. 928 51 12 45 (Puerto del Carmen)
Sun Bike. Tel. 928 51 40 01 (Puerto del Carmen)
Timanfaya Bike. Tel. 607 75 48 76 (Puerto del Carmen)
Natural Bike. Tel. 928 84 21 42 (Caleta de Sebo-Graciosa)

• Golf

En Lanzarote existe un solo campo de golf situado en Costa Teguise, que cuenta con 18 hoyos, par 72, calles flanqueadas por palmeras y *bunkers* de ceniza negra que contrastan con el verde de los *greens*. Hay tienda, bar y restaurante.

Golf Costa Teguise. Tel. 928 59 25 12

Instalaciones de la empresa Econatura.

• Ala delta, parapente

En la isla de Lanzarote se dan las condiciones idóneas para efectuar vuelos tanto en parapente como en ala delta, cuyos puntos de despegue se encuentran preferentemente al Norte de la isla.

Delta Club Zonzamas.
Tels. 928 81 52 03 - 629 04 99 09
Club de Parapentes Los Cuervos.
Tels. 928 81 54 26 - 607 50 76 44 (Arrecife)
Parapente Lanzarote. Tel. 609 21 70 52

• Paseos en barco

Desde Puerto del Carmen cada día salen diversas embarcaciones (*Blue Delfín, Aguascope, Cesar II, Caltanza, Arosa*, etc.) que se encargan de enseñarle los fondos marinos, así como de realizar excursiones marítimas y salidas de pesca.

Las líneas marítimas **Romero** cubren varias veces al día el servicio entre Orzola y la isla Graciosa. Tel. 928 84 20 70.

• Submarinismo

Las aguas de Lanzarote ofrecen una visibilidad de unos 40 m, temperaturas cálidas todo el año y una fauna rica y variada. En el Sur, entre punta Pechiguera y punta Papagayo, y en el estrecho de la Bocaina entre Lanzarote y Fuerteventura, es donde desarrolla principalmente su actividad el **Centro de Buceo Las Toninas**, que se encuentra en el hotel Playa Flamingo en Playa Blanca; allí dispone de la piscina para cursillos, 20 equipos completos para alquilar, así como cámaras fotográficas, estación de carga, una embarcación de 8 m de eslora y una lancha neumática de 4,20 m. Otra empresa que dispone de equipos y varias lanchas neumáticas es el **Centro de Buceo Atlántico**, que se encuentra en Puerto del Carmen. Estas dos, además de **R.C. Diving**, son las únicas regentadas por españoles.

En Lanzarote existe una cámara hiperbárica para accidentes de descompresión, situada en el hospital Insular de Arrecife. Teléfono de emergencias 619 82 90 76.

Centro de Buceo Las Toninas. Tels. 928 51 73 00 - 928 51 74 90 (Hotel Playa Flamingo-Playa Blanca)
Centro de Buceo Atlántico. Tel. 928 51 07 17 (Aparthotel Fariones Playa-Puerto del Carmen)
Diving Lanzarote. Tel. 928 59 04 07 (Playa Las Cucharas-Costa Teguise)
Safari Diving Lanzarote. Tel. 928 51 19 22 (Playa de la Barrilla-Puerto del Carmen)
Calipso Diving. Tel. 928 59 08 79 (Costa Teguise)
Diwa Lanzarote. Tel. 928 51 14 02 (Puerto del Carmen)
La Santa Sport Diving. Tel. 928 59 99 95 (La Santa)
R.C. Diving. Tel. 928 51 42 90 (Puerto del Carmen)
Barrakuda Club. Tel. 928 51 27 65 (Puerto del Carmen)

Molino de Tefía.

Es la isla más vieja del archipiélago por lo que respecta a su configuración geológica y también la más árida. Su formación se remonta a unos 25 millones de años, es la segunda de Canarias en cuanto a extensión y la que tiene mayor perímetro, y además es la más próxima al continente africano, del que la separan sólo 100 km.

Aunque la orografía del terreno es montañosa, también es cierto que presenta grandes extensiones desérticas que recuerdan el África sahariana, salpicadas de pequeños oasis de verdor. Su máxima altura se encuentra en el Sur y es el pico Jandía de 807 m. A lo largo del litoral, sobre todo de levante, hay grandes extensiones de arena fina donde los amantes del turismo de sol y playa encuentran su deseado paraíso.

De todas maneras, la imagen que tenemos de que Fuerteventura es solamente playa y arena, se desvanece rápidamente por poco que nos adentremos en su interior. Un paisaje abrupto, sucesión de antiguos cráteres apagados, se presenta ante nuestros ojos. Profundos barrancos se abren paso hasta el mar, buscando su camino entre estas montañas de lava apagada; en ellos crece una singular vegetación, en algunos casos endémica, que aprovechando la humedad producida por las escasas lluvias, cubre esta especie de vías verdes. Es la otra cara de Fuerteventura, que vive de espaldas al turismo convencional que ofertan la mayoría de los turoperadores, y que hay que descubrir tranquilamente, a pie o en vehículo, por multitud de caminos y pistas forestales.

Esta isla tiene por lo tanto dos fisonomías; su costa oriental, donde a resguardo del viento se encuentran las mejores playas y por ende los complejos vacacionales, y la costa occidental, casi virgen, batida por el fuerte oleaje, donde subsiste a duras penas alguna aldea de pescadores, en la que se puede saborear pescado fresco.

En la espina dorsal de la isla es donde se encuentran las poblaciones más interesantes. La Oliva, Antigua, Betancuria, Pájara y Tuineje conservan su pequeño patrimonio, con algunos museos, viejos molinos rehabilitados y centros artesanales, donde vale la pena detenerse para comprender un poco el carácter del pueblo majorero. Una red de carreteras recorre la costa de levante y el centro de la isla, mientras por la costa occidental no es posible circular a no ser en algún tramo de pista de tierra (véase Itinerario 1) y a través de senderos para ir a pie.

Playas del Sur de la isla.

Itinerario 1
Norte de la isla

Con este itinerario completo daremos la vuelta por la parte Norte de la isla, descubriendo por un lado zonas eminentemente turísticas y por otro, lugares completamente vírgenes.

Desde **Puerto del Rosario** partiremos hacia Corralejo por la FV-1, carretera que va recorriendo la costa. A la derecha junto al litoral nos queda Puerto Lajas y al lado contrario Guisguey, pueblecito que se ha recuperado últimamente con alguna casa dedicada al turismo rural. Esta zona, salvo rara excepción, aún no está explotada turísticamente y sólo después de pasar junto a la Montaña Roja, es cuando el paisaje empieza a cambiar. Entramos en el **Parque Natural de Corralejo** y frente a nuestros ojos se abren infinitas playas de blanca arena, donde algún chiringuito ofrece servicio de hamacas y bebidas. Es un paraíso casi virgen antes de llegar a **Corralejo**, población sin ningún encanto que se ha desarrollado alrededor del oro turístico. Tiendas, restaurantes y más tiendas se suceden junto a complejos hoteleros y urbanizaciones; desde su puerto se puede tomar algún barco, para dar una vuelta hasta la isla de los Lobos que se ve justo enfrente, camino de Lanzarote.

La segunda parte del itinerario nos llevará a descubrir la costa Oeste de Fuerteventura, la más desconocida y virgen. Bordearemos playas y acantilados de lava negra que contrastan con el embate de las olas; el viento es el gran protagonista de la isla, lo cual agradecen los amantes del windsurf.

Para empezar este recorrido deberemos situarnos al Oeste de la población de Corralejo, junto al litoral, y si tomamos la avenida que están abriendo allí, sale a la derecha la carretera sin revestir con la señalización Majanicho.

Al cabo de 0,8 km pasamos por la planta potabilizadora de agua y nuestro camino, que aunque presenta rodadas y pedruscos puede ser afrontado por todo tipo de vehículos, va bordeando el litoral donde aún subsiste algún pescador con su chabola. En las playas que encontraremos por esta zona, se hace imprescindible el uso de zapatillas para entrar en el agua debido a las piedras puntiagudas. A 8,5 km de haber iniciado el recorrido llegaremos a **Majanicho**, pequeño poblado de pescadores junto a una ensenada donde apenas vive nadie. La energía eléctrica la garantizan los grupos electrógenos, y las casas aprovechan todo tipo de obra para mantenerse en pie.

De aquí parte por la izquierda una pista hacia Lajares, población situada en el interior; nosotros seguiremos recto y al cabo de 5,2 km llegaremos a otra bonita ensenada de arena blanca. El paisaje es encantador aunque el oleaje arroja a la costa toda la basura del mar, lo cual afea muchísimo el litoral. Al fondo ya divisamos el enorme faro de Tostón; la punta donde se asienta encierra completamente una profunda ensenada, cuyas aguas tranquilas sirven a los principiantes de windsurf para hacer prácticas. La pista se ha vuelto arenosa pero enseguida saldremos a la carretera que va hasta el faro; si vamos a la izquierda llegaremos a **El Cotillo**, pequeño pueblo junto al mar donde hay numerosos restaurantes que ofrecen buenos pescados.

Hemos recorrido 21 km para realizar esta etapa; el trayecto que viene a continuación sólo es apto para los turismos durante un tramo. De El Cotillo parte una carretera asfaltada hacia La Oliva, pero nosotros tomaremos la pista que sale junto a la torre de defensa, al lado del puerto; enseguida llegaremos a la **playa del Castillo**, magnífica barra arenosa donde los amantes del surf y del windsurf aprovechan el embate de las olas y el viento. Al cabo de unos 5 km de haber iniciado este tramo, dejaremos a la derecha la pista que va hacia la estación meteorológica de Taca, que, recorriendo el acantilado, se vuelve a juntar con la principal antes de cruzar el barranco de Esquinzo.

Un par de curvas nos hacen descender al fondo de este barranco y a 0,5 km llegamos a una bifurcación frente a un corral de cabras. Llevamos recorridos unos 8 km y si hasta aquí los turismos habían sufrido lo suyo, ahora es mejor que sigan por la pista de la izquierda hacia Tindaya,

Dunas de Corralejo.

donde encontrarán el camino asfaltado. Por la derecha seguiremos bordeando el litoral, que ahora adquiere una altura considerable. En algunos puntos pasaremos junto al borde superior y la pista está regular; hemos cruzado una pared de piedras y 3,2 km después llegamos a un par de casas de nueva construcción pero abandonadas, restos de algún intento urbanizador.

Allí encontraremos un pista en buen estado que por la izquierda va hacia Tindaya; seguiremos por el lado contrario y enseguida volvemos a encontrar camino en mal estado. A 0,8 km dejamos un desvío a la izquierda, mientras nosotros nos dirigimos hacia el vértice geodésico que hay junto al acantilado; 0,4 km más adelante desembo-

La playa del Castillo, cerca de Cotillo, es ideal para el windsurf.

Fuerteventura
Playa de Majanicho
Punta Blanca
Punta Aguda
Punta de la Ballena
o de Tostón
Suerte de las Palomas
Punta La Barra
Mariquita Hierro
H
R
Vaca Azul
Punta Piedra Alta
Cotillo
Roque
Lajares
Playa del Castillo
Ladera de la Manta
Montañas
de la Blanca
Punta de los Caletones
Casas de Taca
Barranco de Esquinzo
Punta de Paso Chico
OCÉANO
Montaña
Tindaya
Tindaya
Muda
689m.
Aceitunal
686m.
Punta del Salvaje
Morro de
la Morena
Casas Los Molinos
Barranco de los Molinos
Las Parcelas
Tefía
ATLÁNTICO
Cuchillos
625m.
ERMITA DE SAN AGUSTÍN
Montaña
de Tao
Llanos de la Concepción
Montaña
del Campo
La Ampuyenta
Valle de Santa Inés
FV-20
Punta de los Caletones
Punta Gorda
Punta de la Herradura
Morro de la Cruz
676m.
Morro Velosa
Betancuria
Triquivijate
Barranco de la Peña
Betancuria
724m.
R
Casa Santa María
Antigua
R
El Molino de Antigua
Las Pocetas
Ajuy
Puerto de la Peña
Punta de la Nao
Vega de Río de Palmas
Valles de Ortega
ERMITA DE NUESTRA SEÑORA DE LA PEÑA
Casillas de Morales
Punta del Viento
Tierra Mala
Mézquez
Agua de Bueyes
Punta de
la Canal
Mézquez
Toto
Malpaís Chico
Pájara
Bárgeda
Cortijo de Tetuí
Tiscamanita

camos en otra pista y seguimos a la derecha bordeando el acantilado, hasta salir a 2 km a una pista en buen estado que cruzaremos (el camino de la derecha da un rodeo y acaba juntándose con el nuestro, y el de la izquierda va hacia Tindaya). A 0,5 km de distancia cruzamos una pared y seguimos nuestro camino dejando a la derecha profundas ensenadas que se adentran en el farallón rocoso. Después de 1 km cruzamos el barranco de las Pilas y posteriormente llegamos a la **playa de Tebeto**, después de la cual desembocamos en una pista en buen estado. Este nuevo camino que viene de Tefía, nos llevará en 2,8 km a la bonita **playa de la Mujer**, con zona de aparcamiento; si seguimos adelante debemos cruzar el barranco del Risco y la pista vuelve a empeorar. Ahora nos iremos alejando paulatinamente del acantilado y 2,6 km después dejamos un desvío a la izquierda para seguir hacia el interior de la isla. El profundo barranco de los Molinos nos corta el paso y no nos queda más remedio que dirigirnos hacia **Las Parcelas**, aldea dispersa a la que llegaremos después de 2 km de camino en mal estado. Justo después de cruzar el barranco pasaremos una cancela e iremos hacia la izquierda; al desembocar en otra pista, ya dentro de la aldea, por la izquierda enseguida llegaremos al camino asfaltado.

La FV-221 por la derecha nos llevaría hasta el puerto de los Molinos en la misma costa y por el lado contrario iremos hasta la FV-207, donde se nos presenta la opción de emprender ruta hacia el Norte o hacia el Sur. En el primer caso, a la izquierda se encuentra el pueblo de Tefía, con su molino rehabilitado, y desde allí en unos 8 km llegaremos a la FV-10, carretera que va de Puerto Rosario a La Oliva (al lado del cruce hay el monumento a Unamuno, quien en la dictadura del general Primo de Rivera vivió el exilio en esta isla). En La Oliva no debemos olvidar la visita al Centro de Arte Canario, donde diversos artistas de prestigio exponen sus obras (Tel. 928 86 82 33) y la Casa de la Cilla, que alberga el Museo del Grano, con todo lo relacionado con los trabajos agrícolas; también hay varios talleres de cerámica. Si optamos por ir hacia el Sur, la carretera nos llevará hasta Llanos de la Concepción, con las opciones posteriores de Antigua o Betancuria (véase Itinerario 2).

ITINERARIO 2
SUR DE LA ISLA

Para visitar el centro de la isla con sus interesantes poblaciones, una buena opción es tomar la FV-20 que en un santiamén nos llevará hasta **Antigua**, donde hay que visitar su molino restaurado (Horario: de 10 h a 18 h, todos los días. Tel. 928 85 14 00), con la opción de comer en el restaurante que hay justo al lado.

Aquí abandonaremos esta carretera para tomar dirección a Betancuria. Una vez pasado el desvío hacia Santa Inés, la carretera se eleva sobre un paisaje espectacular; en su punto más alto hay un mirador, pero si queremos podemos subir hasta el mirador **Morro Velosa** (precio 300 Pta./persona) situado a más de 600 m de altitud, donde hay un bar-cafetería y se divisa una panorámica aún más espectacular si cabe.

Betancuria es pueblecito de cuidada arquitectura, con varias posibilidades de entretenerse, como por ejemplo visitar el museo de Betancuria sobre la historia de los aborígenes majoreros (Horario: de martes a sábados, de 10 h a 17 h; domingo, de 11 h a 14 h. Tel. 928 85 14 00), o la casa Santa María, un caserón del siglo XVI rehabilitado donde hay una multiproyección y exposición de productos artesanales. A partir de aquí la carretera va siguiendo el barranco y serpentea para cruzar el collado de Degollada de los Granadillos; es una ruta no

apta para cardíacos, ya que la carretera en ocasiones carece de protección lateral. El paisaje compensa las vicisitudes hasta llegar a **Pájara**, otra población con un pequeño pero cuidado casco antiguo.

Desde aquí tenemos la opción de acercarnos a Tuineje y en Tiscamanita visitar el Centro de Interpretación de los Molinos (Horario: de 10 h a 18 h. Tel. 928 85 14 00), para después descender hasta la costa por la FV-20, aunque nosotros proponemos continuar por el camino que llevábamos en dirección a Morro del Jable. De nuevo volvemos a adentrarnos en el malpaís con conos volcánicos a ambos lados y un paisaje árido a nuestro alrededor.

Al final desembocamos en la carretera de la costa (FV-2) y la «civilización» en

forma de urbanizaciones y complejos hoteleros nos acompañará hasta el pueblo de **Morro del Jable**. Aquí de nuevo abandonamos las infraestructuras turísticas para seguir camino hacia la punta de Jandía. La pista señalizada se toma justo encima del puerto; serán 20,6 km hasta llegar al **Puerto de la Cruz**, pequeña aldea de pescadores a la que últimamente se le ha añadido un gigante en forma de molino-generador de energía eléctrica.

El camino se encuentra en buen estado y por él circulan todo tipo de vehículos. Al cabo de 6 km entraremos en el Parque Natural de Jandía y 6 km más adelante, por la derecha, sale otra pista que en 7,5 km nos lleva hasta **Cofete**; una aldea situada en la otra costa donde la única posibilidad es bañarse en su extensa playa y comer en el bar del pueblo (más que pueblo es un conjunto de chabolas y hay que volver por el

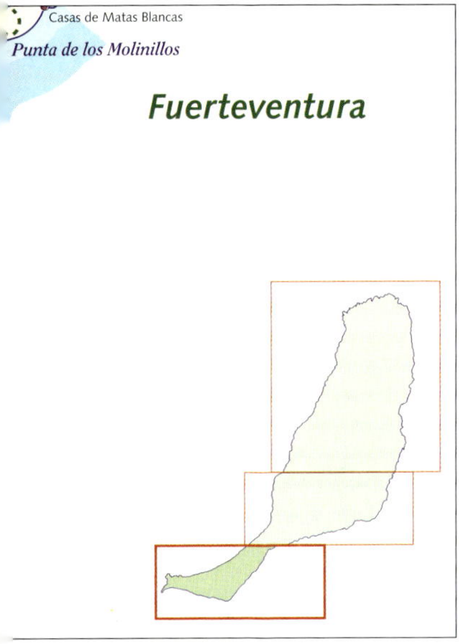

mismo camino, eso sí la vista de la costa occidental es maravillosa). De la pista que va hacia Puerto de la Cruz, salen numerosas ramificaciones señalizadas que van hacia pequeñas calas escondidas entre la costa, verdaderos paraísos para los amantes de la soledad, lo mismo que la aldea de Puerto de la Cruz, donde es más que recomendable tomar un caldo de pescado acompañado de gofio en alguno de los restaurantes que hay.

Dos opciones más para acabar este trayecto hasta el confín del mundo: una carretera asfaltada nos sitúa en 1 km en el faro de Jandía, límite meridional de la isla. Desde la aldea parte otra carretera que en 4,5 km va hasta otro pequeño faro, con una excepcional visión de toda la costa occidental, con el mar azul y blanco en dura lucha con el acantilado.

Pueblo de Cotillo.

Molino de Antigua.

TURISMO RURAL

Fuerteventura es la isla en la que está menos desarrollado el turismo rural, y es la única que por el momento no tiene una central de reservas.

LA ASOMADA

• La Casa del Jamón

En la aldea de La Asomada situada cerca de la capital, se encuentra el restaurante La Casa del Jamón y encima del local se alquilan dos apartamentos compuestos por salón-comedor, cocina y cuarto de baño; el más pequeño es para dos personas y en el otro, de 54 m^2 se puede colocar una cama supletoria para un niño. El restaurante es de los lugares recomendables de la isla. Tel. 928 53 00 64.

• El Sitio de Haifa

Se trata de una casa tradicional cerca de La Asomada, donde se han mantenido todos los elementos arquitectónicos en la restauración, a la que Berto Méndez (su propietario) ha dado un toque de originalidad.

La casa consta de cocina, salón, comedor y un original baño, mientras que alrededor de un patio interior se reparten las estancias: dos habitaciones dobles y dos individuales con originales muebles de madera. Alrededor de la casa hay una amplia zona que pronto estará ajardinada y donde se añadirán nuevas construcciones que le aportarán más encanto a esta vivienda, cuyo acceso se realiza por una pista de tierra desde la aldea de La Asomada. Tel 928 86 11 24.

GUISGUEY

• Casa Valen

En el pueblecito de Guisguey cercano a Puerto Rosario y camino de Corralejo, se encuentra esta casa tradicional perfectamente rehabilitada, que conserva sus suelos originales y algunos muebles antiguos.

Tiene tres habitaciones, salón, cocina-comedor, cuarto de baño y una zona ajardinada alrededor. Es la última casa del pueblo que hasta hace bien poco estaba abandonado y paulatinamente ha ido volviendo a la normalidad. Tel. 928 85 00 77.

ROSA DEL TARO

• Atalaya de la Rosa del Taro

Situada en una zona muy tranquila en el centro de la isla, se alquila una pequeña vivienda tradicional restaurada, con una habitación, salón-cocina y cuarto de baño. La energía se obtiene a partir de placas solares y el propietario trabaja en un taller de cerámica al lado de la casa.

El acceso se realiza por una pista de tierra de 1 km, que sale de la carretera que va de Puerto de Rosario a Triquivijate. Tel. 928 17 51 02.

VILLAVERDE

• Villa Volcana

Hannelore, alemana de nacimiento y extrovertida por naturaleza, hace doce años que después de dar vueltas por medio mundo, regresó a la que considera la isla de su vida.

En el disperso pueblo de Villaverde, al lado de La Oliva, con una buena panorámica, se encuentra su casa y junto a ella ha construido dos estudios para el turismo rural, a los que próximamente seguirán otros dos.

Cada uno de ellos está pensado para dos personas y tiene una habitación, cocina y cuarto de baño, pudiendo utilizar también el salón de la casa principal con su chimenea.

Hannelore ofrece rutas de senderismo, artesanía con seda y lana, además de cursos de meditación; eso sí, hay que convivir con los perros y gatos que pululan por su casa. Tel. 608 92 83 80.

HOTELES SINGULARES

Ya hemos dicho al principio que la oferta hotelera se concentra en Corralejo, al Norte, y la península de Jandía, al Sur de la isla, con grandes complejos vacacionales. Por lo demás, no hay una oferta destacada de hoteles rurales; en todo caso mencionar **La Posada**, Tel. 928 86 73 44, hotel situado en el interior de Corralejo, con 30 habitaciones dobles, 4 individuales y una pequeña piscina-solarium que se encuentra en la terraza superior del edificio. En el pueblecito de El Cotillo el único hotel es el **Mariquita Hierro**, Tel. 928 53 85 98, con sólo 18 habitaciones, todas con baño, teléfono, televisión y aire acondicionado. El **Centro Mirak** situado en el Parque Holandés, junto a la carretera que une Arrecife con Corralejo, está especialmente pensado para tratamientos de enfermedades de la piel. Además ofrecen programas de relajamiento y adelgazamiento, a base de baños de algas, masajes, sauna, etc. Hay una piscina climatizada exterior y próximamente se construirán ocho bungalows. Tel. 928 17 53 38.

Arriba, Hotel La Posada. Abajo, Centro Mirak.

GASTRONOMÍA

Fuerteventura es la única isla de Canarias que no produce vino, aunque sí elabora un queso de excelente calidad a base de leche de cabra majorera, muy resistente y exenta de enfermedades. El queso se elabora con medios artesanales y a través de un consejo regulador se controla su calidad. Se presenta tierno, semicurado, curado y untado con una mezcla de pimentón y gofio, lo que le confiere un sabor muy peculiar. Consejo Regulador de D.O. Queso Majorero. Tel. 928 53 25 93.

Por lo que respecta a los restaurantes, en el **Avenida**, Tel. 928 86 71 45, en la calle Pizarro esquina Prim de Corralejo, encontraremos buenos pescados del día y cabrito del país. En el pueblecito de Cotillo (véase Itinerario 1), de los diversos lugares para comer pescado nos quedamos con la **Vaca Azul**, Tel. 928 53 86 85, con su terraza en una pequeña ensenada, donde los pescados a la plancha, el helado de higo y una mezcla de licor de la casa con crema de leche son lo más aconsejable.

En el restaurante de **El Molino de Antigua**, regentado por la Escuela de Restauración Canaria. Tel. 928 87 82 20, podremos probar platos recuperados de la gastronomía local, como el estofado de carne de cabra y, de postre, *facherna mojorera* (claras de huevo, almíbar, almendra y gofio); también encontraremos algunos inventos como los calamares rellenos de estofado de mariscos y queso majorero. Otro establecimiento que se dedica a recuperar platos locales es el **Parador de Turismo**, Tel. 928 85 11 50, con potaje, pastel de bubangos y mero, guiso de carne de cabra, además de un bacalao con pisto y gambas o un muslo de pato confitado.

En la **Casa del Jamón**, Tel. 928 53 00 64, en la aldea de La Asomada, Mari Luz García y Antonio Román, establecidos hace diez años en Fuerteventura, elaboran una cocina entre vasca y castellana, además de buenos embutidos y una bodega de maduración de queso. En Betancuria, **Casa Santa María**, Tel. 928 87 82 82, une la peculiaridad de ser un caserío restaurado con una típica decoración, con una cocina bien elaborada.

Finalmente si llegamos hasta Puerto de la Cruz, en la punta de Jandía, no debemos perder la oportunidad de degustar una sopa de pescado con gofio en alguno de los tres restaurantes que hay en esta pequeña aldea junto al mar: Punta Jandía, Tenderete y El Caletón. Se trata de un guiso de pescado por un lado y por el otro, el caldo de éste mezclado con gofio; para acompañar, un plato de mejillones y lapas con salsa vinagreta, todo ello una verdadera delicia.

Sopa de pescado con gofio.

TURISMO ACTIVO

• Senderismo

Algunas empresas ofertan la alternativa de descubrir los parajes de esta isla a pie, como la subida a Tindaya, un paseo por las dunas de Corralejo o por el barranco de Vallebrón, la subida al pico de Jandía, la montaña más alta de la isla, etc.

En el albergue Pozo Negro, además de tener alojamiento para 70 personas en habitaciones de 2, 6 y 14 plazas, ofertan actividades de multiaventura.

Hannelore von der Twer. Tel. 608 92 83 80 (Villaverde)
Albergue Pozo Negro. Tel. 928 87 85 06

• Excursiones a caballo

Hay un par de hípicas que ofrecen paseos a caballo por la isla además de clases de equitación. **Fuerte Adventure**, en el Parque Holandés, se encuentra en el P.K.-14 de la carretera que va de Arrecife a Corralejo, y el **Centro Hípico Tarajalejo** ocupa una extensión de 10.000 m^2 con más de treinta caballos de raza española, inglesa y bretona; además hay bar-cafetería, restaurante y tiendas de equitación.

Fuerte Adventure. Tels. 928 85 18 77 - 689 35 12 87 (Parque Holandés)
Centro Hípico Tarajalejo. Tel. 928 16 13 51 (Ctra. general de Taralejo-Tuineje)

• Pesca deportiva

En el puerto de Corralejo, además de embarcaciones para ir a dar un paseo a la cercana isla de los Lobos, también se pueden alquilar barcos dedicados a la pesca deportiva.

Barvi. Tel. 928 53 57 10
Pez Velero. Tel. 928 86 61 73
Mari I. Tel. 928 86 70 00

Puerto de Corralejo.

• Submarinismo

Si en la mayoría de las islas Canarias la plataforma que rodea cada isla es casi nula, en Fuerteventura esto no sucede, llegando incluso a tener unos 30 km en algún punto. Frente a la playa del Matorral, en la península de Jandía, el fondo desciende de los 20 m a los 40 m, pudiéndose hacer muchas inmersiones desde la misma costa.

En la costa occidental se alcanzan grandes profundidades muy rápidamente, ya que la plataforma submarina es muy estrecha. En el Norte, normalmente se utiliza la embarcación para ir a bucear entre Corralejo y la isla de los Lobos, que a pesar de su pequeño tamaño está declarada parque natural.

En esta zona hay varios lugares interesantes, como El Calamarco, La Bocaina, El Canal del Río, con sólo unos 15 m de profundidad, o La Carrera, entre otros.

De las seis empresas con solvencia en Fuerteventura que se dedican a la inmersión, sólo **Dive Center Corralejo** tiene su sede en el Norte. Miguel Abella, instructor con larga experiencia, está al frente de la empresa que junto con el Centro de Buceo Félix son los únicos españoles; poseen una embarcación con fondo de cristal de 8,5 m de eslora y una capacidad para 20 buceadores; además tienen una lancha neumática de 5,5 m con un motor de 50 C.V., 20 equipos completos de alquiler, compresores para la carga de botellas y piscina para las prácticas. Normalmente, se sale a las 8:30 h y se hacen dos inmersiones para regresar al mediodía.

Hay una cámara hiperbárica para los posibles accidentes de descompresión, en el complejo turístico Robinson Club, en Morro del Jable. Tels. 928 54 07 75 - 928 54 13 75.

Dive Center Corralejo. Tels. 928 53 59 06 - 928 86 62 43 (Corralejo)
Club Aldiana. Tel. 928 54 11 47 (playa de Jandía)
Robinson Club. Tel. 928 54 00 92 (playa de Jandía)
Aquamarín. Tel. 928 54 03 24 (playa de Jandía)
Centro Buceo Félix. Tel. 928 54 14 18 (playa de Jandía)
Acuanos Jandía. Tel. 928 54 70 60 (Costa Calma)
Deep Blue. Tels. 928 16 33 68 - 619 91 04 03 (Hotel Castillo de San Jorge-Caleta de Fuste)

Jardines del Puerto de la Cruz; al fondo, el Teide.

Suponemos que cuando griegos, romanos y cartagineses se lanzaron a explorar este confín del mundo, se quedarían fascinados al ver una montaña nevada emergiendo entre las nubes. Esta imagen sigue dejando boquiabiertos cada año a miles de visitantes, que contemplan cómo de entre un paisaje de lava se yergue el cono puntiagudo del Teide, la montaña más alta de España.

Aunque el Parque Nacional del Teide sea el enclave más visitado de Tenerife, esta isla (la mayor de todo el archipiélago canario) es mucho más que su montaña mágica. En sus 2.036 km^2 hay casi una veintena de espacios protegidos, complejos turísticos de lujo y otros que ojalá no hubieran aparecido nunca, playas y puertos deportivos, dos aeropuertos, una autopista que da la vuelta a media isla y numerosos monumentos de interés.

Su forma triangular y la cadena montañosa que como una columna vertebral recorre la isla de Noreste a Suroeste, con el Teide (3.718 m) como punto culminante, hace que se den numerosos microclimas a lo largo y ancho de la isla, donde es posible pasar del traje de baño en la zona de la costa al anorac en las Cañadas del Teide.

El cultivo del tomate, la patata y sobre todo el plátano, han ido cediendo bajo el empuje del sector turístico. En el valle de la Orotava aún convive el verdor de las plataneras con el desarrollo turístico de Puerto de la Cruz. Toda la costa Suroeste desde Las Galletas hasta Puerto de Santiago, pasando por Los Cristianos, Playa de las Américas, Costa Adeje y Playa de San Juan, es una sucesión de complejos hoteleros y urbanizaciones; en cambio, la península de Anaga, al Noreste, y la de Teno, al Noroeste, son espacios protegidos que vale la pena descubrir tranquilamente. Esta isla se incorporó a la corona de Castilla el año 1496, después de varios intentos de Alfonso Fernández de Lugo, que dos años antes fue derrotado por los guanches en el lugar que se conoce como La Matanza.

Itinerario 1
La península de Anaga

La península de Anaga constituye el extremo nororiental de Tenerife y es probablemente uno de los paisajes mejor conservados de la isla. A la acción volcánica que formó este territorio y su posterior erosión se unió la acción del hombre, que en el siglo XVI comenzó a colonizar estas tierras. De geografía abrupta, los antiguos campesinos optaron por el cultivo en terrazas para el mayor aprovechamiento de la tierra y del agua; las aldeas, de caseríos diseminados, se fueron estableciendo en barrancos y lomas; la actividad agrícola y ganadera, a pequeña escala, fue la principal fuente de supervivencia con el cultivo del azúcar, la explotación de la madera y posteriormente, el vino.

El Draguillo.

De todo esto hoy en día queda bien poco y la población emigró en busca de mejores condiciones de vida. Con la calificación de parque rural, se están intentando optimizar las condiciones de vida de esta zona, a la vez que se mejoran las infraestructuras y los núcleos rurales. Una red de senderos señalizados permite recorrer toda esta península, donde podrá deleitarse con sus flora y sus formaciones geológicas.

Si partimos de **Santa Cruz de Tenerife** por la carretera de la costa que va hacia el Norte, iremos bordeando las instalaciones portuarias hasta llegar, en 6 km, a la **playa de las Teresitas**, bonito lugar para tomar un baño; pero si continuamos un poco más en dirección a Igueste, al poco encontraremos una carreterita que baja a la **playa de las Gaviotas**: cuatro casas, un chiringuito y una playa de arena lejos de la mirada de los curiosos. La carretera sigue por el acantilado hasta llegar a **Igueste de San Andrés**, donde termina el camino asfaltado; un sólo restaurante a la entrada del pueblo nos invita a probar algún pescado fresco; lo demás son huertas, plataneras y las casas acomodadas en el barranco de Igueste.

Playa de las Teresitas.

Vista desde El Bailadero, al fondo Taganana.

Debemos retroceder hasta Las Teresitas para ir a buscar la TF-117 que nos llevará a **El Bailadero**; serán 12 km de curvas y más curvas por un paisaje impresionante, hasta llegar a este lugar donde, desde unos miradores, tendremos una vista en picado de Taganana. Antes hemos dejado la carretera que baja a este pueblo, que tomaremos después, y también la que nos devolverá a nuestro punto de partida.

En El Bailadero hay un par de restaurantes con buenas vistas pero de feo aspecto. La carretera TF-1122 continúa serpenteando entre frondosa vegetación hacia el extremo más septentrional de la isla, con varios puntos habilitados como miradores y numerosos senderos señalizados para realizar rutas a pie. Al cabo de 10 km dejaremos a la derecha el desvío hacia **Lomo de las Bodegas**, el primero de los tres pueblecitos que encontraremos aquí; a continuación, encima de la montaña está **La Cumbrilla** (el coche hay que dejarlo antes del túnel y subir a pie por el sendero) y a un par de kilómetros, pasando el túnel, se llega a **Chamorga**, última población de cuatro casas situada en el fondo del barranco, donde hay un bar en el que sirven bocadillos. Desde aquí parte un camino que a pie nos llevará, en una bonita excursión, hasta el faro de la punta de Anaga, también llamado Roque Bermejo.

Volviendo a El Bailadero, ahora podemos tomar la carretera TF-1134 que va hacia Taganana y Benijo, cambiando así de paisaje al observar la costa septentrional de esta península. La carretera atraviesa la montaña y pasa por debajo de la anterior; en 4 km de vertiginoso descenso llegaremos a **Taganana**, en cuya iglesia de las Nieves se conserva un tríptico de la escuela flamenca del siglo XVI, 3 km más adelante llegaremos a **Roque de las Bodegas**, primero de los pueblecitos donde hay algún restaurante y playa de guijarros. Almáciga queda un poco alejado de la costa y **Benijo**, está a un par de kilómetros del anterior, escondido entre abruptos acantilados. La oferta de restauración se acaba aquí, aunque los más atrevidos aún tienen 2 km de pista de tierra (sale a la entrada del pueblo y pasa por delante del restaurante El Frontón), que colgada en medio del acantilado llega hasta las cuatro casas de **El Draguillo**, sin más interés que el soberbio paisaje.

Para la vuelta debemos retroceder de nuevo hasta El Bailadero y allí tomar la TF-1123 que, por el cordal montañoso, nos llevará en unos 15 km hasta La Laguna. Pero antes, a 7 km encontraremos un desvío que en otros tantos kilómetros nos dejará en **Afur**. Este pequeño pueblecito escondido en el fondo del barranco, aparte

OCÉANO ATLÁNTICO
Punta de la Fajana
San Juan de la Ramb
Punta de Juan Centellas
Punta de Buenavista
ROQUE DE GARACHICO
Tierra
San Jo
Buen Paso
Casa Amarilla
La Costa
La Caleta
Garachico
San Felipe
La Mancha
Santa Bárbara
Punta Negra
Buenavista del Norte
San José
San Bernardo
Punta del Fraile
Los Parrales
Genovés
Icod de los Vinos
Las Cruces
Los Silos
Tanque
Mortero
Punta del Ancón
Casa Blanca
San Juan del Reparo
El Amparo
La Tierra del Trigo
Cueva del Viento
Cruz Grande
La Vega
Faro de Teno
Teno
El Palmar
La Culata
Barranco de Castro
Punta de Teno
Parque Rural Teno
La Jurcia
Ruigómez
La Montañeta
Baracán 1.002m.
Erjos
Los Llanos
El Amparo
Las Portelas
C-820
Arenas Negras
Cruz de Gala 1.354m.
Los Carrizales
Valle de Arriba
Masca
Santiago del Teide
El Molledo
Las Manchas
La Asomada del Gato
El Retamar
Laderas
Pico Viejo 3.102m.
Playa de Barranco Seco
Tamaimo
Arguayo
El Jurado
Las Chozas
Las Narices del
Acantilados de los Gigantes
Chío
C-823
Puerto de Santiago
Punta de Barbero
Chiguergue
C-823
Llano
Chirche
Aripe
Guía de Isora
Punta de Alcalá
Alcalá
Barranco de Guía
El Jaral
Acojeja
Las Fuentes
Los Roques de Ucanca
Playa de San Juan
Tejina
Abama
C-822
Vera de Erque
Punta de la Tixera
Tijoco Alto
Tijoco Bajo
El So
Barranco del Infierno
Taucho
Punta del Cangrejo
Casa los Menores
Ifonche
Callao Salvaje
Armeñime
Adeje
Embalse de
Punta Negra
El Puertito
Conde 1.001m.
Escalo
Fañabé
Punta de las Gaviotas
La Caleta
Arona
Hocico del Perro
Playa de la Enramada
Valle de San Lorenzo
Costa de Adeje
Sabinita
Embalse de Chayofa
Playa del Bobo
Caldera
Chayofa
Playa de Troya
Cabo Blanco
Playa de las Américas
El Cabezo Grande
Los Cristianos
Punta del Camisón
Guaza 430m.
Llano de las Mesas
Guaza
Rasca 153m.
Punta de la Rasca
Faro de la Rasca
Punta S
SANTA CRUZ DE TENERIFE

Puerto de la Cruz
TF-5
Santa Úrsula
La Vera
La Corujera
C-824
Punta Brava
El Durazno
Las Arenas
La Dehesa Baja
Barranco Hondo
Barranco de Araca
La Longuera
La Vera
La Orotava
Gaitero
1.745m.
Icod el Alto
Realejo Bajo
La Montañeta
La Florida
Igueste
Las Caletillas
Los Realejos
Cruz Santa
La Perdoma
El Bebedero
Monte de la Esperanza
Playa de las Arenas
Palo Blanco
Aguamansa
Araya
Benijos
Casa del Maestro
Candelaria
Las Cuevecitas
Las Llanadas
Barranco de Ruiz
Malpaís
BASÍLICA DE NTRA. SRA. DE CANDELARIA
Chanajiga
Valle de La Orotava
Arafo
Playa de la Entrada
Casa del Cura
La Hidalga
C-821
Puerto de Izaña
2.300m.
El Socorro
La Fortaleza
Güímar
La Hoyita
El Cabezón
El Portillo de Villa
La Ladera
Puerto de Güímar
Izaña
2.386m.
El Portillo
Punta de Güímar
Parque Nacional del Teide
Abreo
2.400m.
Barranco de Herques
La Medida
Pájaro
Playa de Arriba o las Bajas
C-823
Colmenas
2.305m.
Lomo de Mena
El Escobonal
Cañadas
Cañada Blanca
de la Cañadas
2.300m.
C-822
La Vista
El Tablado
Fasnia
La Zarza
Fondeadero de Escobonal
Sabina Alta
Parador de Turismo
Barranco de las Hiedras
Punta de Abrigo
La Florida
Sombrera
Fondeadero Fasnia
Guajara
2.717m.
El Bueno
Icor
Punta de Honduras
Madre del Agua
Barranco del Río
La Degollada
Bailón
Playa de las Ceras
La Sabinita
Arico Viejo
El Moral
Arico Nuevo
Los Gavilanes
La Plaza
Punta La Ternera
La Tunera
Arico
Los Llanitos
La Cisnera
Porís de Abona
TF-1
Punta de Abona
Embalse de Rincón
Las Vegas
Guajara
El Río
Punta de Cueva Nueva
Cruz de Tea
Chimiche
Ensenada de Abades
Senderos de Abona
Granadilla de Abona
Vicácaro
El Jable
Los Cuervos
Ensenada Piedra de la Sal
El Frontón
El Desierto
Casas de Pegueras
El Draguito
San Miguel del Tajao
Punta del Sordo
El Salto
San Miguel
Tamaide
Ensenada de Cobón
Castro
Casas de las Montañas
Montaña de Chimbesque
San Isidro
Punta del Camello
Atogo
Barranco de la Orchilla
Punta de la Pelada
El Médano
Guincho
Punta del Médano
OCÉANO ATLÁNTICO
El Abrigo
Aeropuerto Reina Sofía
Roja
171m.
Playa del Confital
Punta Roja

de ser punto de partida de numerosos senderos, tiene la virtud de poseer un restaurante casero fuera de lo común, tanto por el tipo de comida como por el personaje que lo regenta (véase Gastronomía).

Si durante el trayecto hacia Afur hemos observado numerosas casas-cueva, ahora, cuando cruzamos el monte de las Mercedes, tenemos un par de lugares habilitados como miradores, donde dependiendo de la hora del día, vale la pena disfrutar del paisaje. El primero es el **Pico del Inglés** y el segundo la **Cruz del Carmen**, desde el que se divisa una imponente vista del Teide; en este lugar aparte de la ermita, también se encuentra el **Centro de Visitantes.** Tel. 922 63 35 76, que muestra un audiovisual y una exposición sobre el parque. (Horario: de 9 h a 16 h.) La carretera continúa su trazado sinuoso ahora metida entre verdaderos túneles de vegetación, hasta llegar a **La Laguna**, donde la autovía nos llevará hacia Santa Cruz de Tenerife o Puerto de la Cruz.

Señalización en el parque rural de Anaga.

ITINERARIO 2
LA OROTAVA - CHINAIJA - EL PORTILLO O ARENAS NEGRAS

Existen numerosos itinerarios para recorrer el valle de La Orotava y el Parque Natural Corona Forestal. Una extensa red de pistas forestales recorre esta parte septentrional de la isla alrededor del Teide, cruzando frondosos bosques de pino canario, donde no faltan las áreas recreativas.

Normalmente, esta red de pistas puede ser transitada con turismo, en algunos tramos con las debidas precauciones; aunque los caminos están señalizados, es fácil despistarse ya que existen numerosos cruces. De todos los posibles recorridos nosotros hemos diseñado un par, teniendo en cuenta las zonas de máximo interés paisajístico.

Volcán Chiñero.

Si llegamos a La Orotava por la autovía TF-5 podemos tomar la salida 17 (Orotava-Las Cañadas) y en la bifurcación que encontraremos a 1 km seguir por la C-821. Varios miradores dispuestos al pie de la carretera, nos darán la perspectiva de este valle lleno de plataneras con la población turística de Puerto de la Cruz al fondo. Cruzaremos la localidad de **La Orotava** y la carretera va subiendo entre las distintas aldeas. Justo después del P.K.-16 sale por la derecha la pista que deberemos tomar en dirección a Benijos; al otro lado está la zona recreativa La Caldera y un poco antes hemos pasado junto a la piscifactoría Las Fuentes.

Estamos en el Parque Natural Corona Forestal que se extiende alrededor del Parque Nacional del Teide; dejamos enseguida un desvío a la izquierda y seguimos avanzando por la pista principal; enseguida encontraremos dos bifurcaciones más (una a 1,1 km y la otra a 2,3 km del inicio del camino) y siguiendo en dirección a Los Realejos, a 3,3 km llegaremos a una de las minas donde se extrae el agua de estas montañas. Como veremos a lo largo del recorrido, estas extracciones son numerosas y parece que cada vez hay que perforar más hondo para ir a buscar el líquido elemento que se filtra por la roca porosa. Vamos siguiendo por la pista principal dejando numerosos desvíos a derecha e izquierda, hasta que a 5,7 km del inicio, en una bifurcación, a la izquierda podemos seguir hacia Las Cañadas; éste es uno de los muchos desvíos que encontraremos hacia Las Cañadas del Teide, los cuales van a parar a la carretera C-821 que discurre por el dorsal de la isla.

Para continuar la ruta seguimos hacia Lomo Alto primero y en el cruce que hay 1,6 km después, hacia la Choza Cruz de Luis; vamos por el límite del pinar y a 1,6 km desembocamos en otra pista donde el camino de la izquierda va hacia Mataznos; por la derecha allí mismo se encuentra la **Choza Cruz de Luis**, donde por la izquierda tenemos otra posibilidad de llegar a Las Cañadas.

Si queremos tomar este camino que va subiendo entre el bosque de pino canario, en 6 km saldremos al P.K.-28 de la C-821, donde por la izquierda tenemos 4 km hasta el Centro de Visitantes El Portillo. Durante este recorrido, por el que pasaremos por un par de minas, sólo debemos procurar en todos los cruces seguir la indicación a Las Cañadas. Si queremos realizarlo en sentido descendente la indicación que encontraremos es **Z.R. Chanaija-Los Realejos**.

Si en la Choza Cruz de Luis seguimos por el lado contrario hacia Chanaija, en el siguiente cruce dejamos la pista de la izquierda, lo mismo que la de la derecha que desciende a Palo Blanco y Los Realejos, llegando a la **zona recreativa Chanaija** con barbacoas y un bonito parque infantil.

Desde Los Realejos también se puede subir hasta aquí. Para ello tenemos que tomar la TF-2115 hacia Palo Blanco y pasando este pueblecito nos desviaremos siguiendo la indicación Lomo La Viuda. Una carretera empinada nos irá elevando y a 3,7 km del desvío llegaremos a la zona recreativa Chanaija.

Para proseguir con nuestro itinerario cruzaremos el área recreativa y la pista discurre ahora colgada del acantilado con unas bonitas vistas, de las que podemos disfrutar en el mirador de Sergio. A 2,6 km llegamos a un cruce; por la derecha se desciende a Icod y por el lado contrario se sube a Las Cañadas; en la siguiente bifurcación a 1,1 km vamos a la izquierda y a 0,6 km dejamos el desvío de la derecha, siguiendo en dirección a Las Cañadas-La Guancha-San Juan de la Rambla. Después de 0,6 km el camino de la izquierda baja a estos dos últimos pueblos situados en la carretera de la costa.

Nuestra ruta afronta una fuerte subida y prosigue hacia Las Cañadas en la siguiente bifurcación que hay a 0,9 km; en cambio, 1 km más adelante, dejamos este destino para seguir por la derecha hacia La

Las Cañadas del Teide.

Garachico.

Guancha e Icod. Estamos rodeando el Teide por su vertiente septentrional y los pinos por esta zona aparecen cargados de líquenes, lo que les da un aire fantasmagórico. Siguiendo por la pista principal, al cabo de un par de kilómetros la pista rodea un barranco que nos cierra el paso y un poco más adelante estamos en un cruce de anchas pistas. Si queremos abandonar este recorrido, de frente, a 0,6 km, el desvío de la derecha nos lleva a La Guancha. Si en el cruce anterior vamos a la izquierda, por una especie de pista-cortafuegos que discurre por una fuerte pendiente, en 2,1 km llegaremos al lugar donde está emplazada una torre de vigilancia de incendios. A nuestros pies se extiende el bosque, al que acompaña en muchas ocasiones un mar de nubes; a nuestras espaldas el impresionante Teide.

Deberemos bajar de aquí por la pista que sale en el cruce a la derecha y de la bifurcación que hay a 1,3 km seguiremos la indicación **Galería Vergara**, a la que llegaremos al cabo de 2 km. Pasamos junto a las casas y la pista desciende en un corto zigzag hasta llegar a un cruce donde, a la derecha retrocederíamos hacia El Portillo, de frente bajaríamos a San Juan de la Rambla y por la izquierda a La Guancha-Z.R. El Lagar. Tomamos hacia esta última dirección y al poco rato llegaremos a la zona de acampada **Barranco de la Arena**, donde también hay una aula de la naturaleza. En el cruce siguiente seguiremos la dirección Llano del Hospital y después de dejar un desvío a la izquierda a 4,7 km, en 3,3 km más desembocaremos en otra pista donde iremos a la derecha. En 2,4 km llegaremos a una bifurcación donde hay una edificación; si continuamos por la izquierda iremos hasta el volcán Chiñero, pudiendo salir posteriormente a la carretera cerca de Santiago del Teide. Para finalizar el recorrido, optamos por ir a la derecha y a 2,4 km, en el siguiente cruce, seguimos de frente; a 2,6 km de distancia desembocamos en otra pista donde vamos a la derecha, lo mismo que en la siguiente que encontraremos 1,7 km más adelante.

Seguimos la canal del agua por un precioso bosque que nos llevará a la zona recreativa y área de acampada **Arenas Negras**, cuya tierra hace honor al nombre. Un fuerte y último descenso nos dejará en la TF-2226; por la derecha, 10 km nos separan de **Icod de los Vinos** con su famoso drago milenario y un bonito mariposario; si vamos por esta dirección, un poco más adelante encontraremos una carretera que nos llevará al bonito pueblo de **Garachico**.

Por el lado contrario, en 6 km estaremos en la C-820 a 4 km de **Santiago del Teide**.

ITINERARIO 3

LAS VEGAS (ARICO-GRANADILLA) - LOMO BLANCO (VILAFLOR)

Este itinerario nos llevará a bordear el parque natural Corona Forestal por su vertiente meridional, siendo un recorrido que permite acortar distancia entre el Sur de la isla y el Teide. La única circunstancia que lo hace restrictivo es que el primer tramo sólo es apto para vehículos todo terreno.

El punto de partida lo situaremos en la C-822 entre Arico y Granadilla; a 8 km de la primera localidad, por la derecha sale la TF-4147 en dirección a **Las Vegas**. A un par de kilómetros del desvío tomaremos la pista que parte a la derecha y entre bancales de cultivos llega a un pequeño embalse de regadío a 0,8 km, donde dejamos un camino a la derecha para continuar subiendo de frente. A los 0,5 km dejamos otro desvío al mismo lado y pasamos varias represas más, la última un gran depósito redondo, después del cual nos empezamos a adentrar en el bosque.

La pista afronta una fuente subida en zigzag cuyo piso se encuentra regular, hasta que al cabo de 7,3 km desembocamos en otra pista, donde iremos a la derecha. Varias curvas nos sitúan en 4 km en la pista principal que discurre rodeando el parque. Por la derecha los indicadores señalan hacia el barranco del Río, al que se llega al cabo de 4 km; aunque algunos mapas indican lo contrario, este barranco no se puede cruzar, a falta solamente de construir un puente comenzado, pero que ciertos sectores conservacionistas ven problemático.

La única opción es, pues, seguir por el lado contrario por una pista apta para todo tipo de vehículos. A los 0,5 km un indicador nos señala a la derecha el camino hacia la Degollada de Guajara, montaña de 2.717 m.

Seguimos de frente y en 1,7 km encontramos el sendero que en unos 45 minutos nos llevará al «paisaje lunar», conjunto de formas erosionadas entre la vegetación. Después de 1,7 km encontramos el desvío hacia Agua Agria y a 5 km de este punto saldremos a la carretera C-821 a 3 km de **Vilaflor**, localidad que queda a nuestra izquierda; por el lado contrario subiremos hasta Las Cañadas del Teide.

Para los que quieran iniciar la ruta en sentido contrario, donde parte la pista hay un cartel de madera con la señalización de Lomo Blanco.

Parque natural Corona Forestal.

Parque Nacional del Teide

Fue el tercero que se creó en España y esto sucedía en 1954; actualmente ocupa 13.571 Ha, siendo su punto culminante el Teide. Todo el conjunto está rodeado por un gran circo conocido como Las Cañadas, situado por encima de los 2.000 m de altitud.

Existen controversias en torno a su formación que debió de tener lugar hace unos 300.000 años. La última erupción que hubo dentro del recinto del parque corresponde al Chahorra o Pico Viejo, que emitió lavas en 1898 durante tres meses, por varias bocas conocidas como Las Narices del Teide. Precisamente este volcán, que se puede ver desde uno de los miradores situados en el Teide, tiene un cráter de 800 m de diámetro, mientras el del mismo Teide tiene sólo 80 m. La actividad no ha cesado en estas montañas, que continúan emitiendo gases; por las laderas se acumulan lavas o escorias volcánicas que presentan distintos colores: del negro al rojizo. Por su altitud la mayor parte del tiempo están cubiertas de nieve, lo que añade un elemento singular a este paisaje.

Un teleférico, cuya concesión parece que está a punto de acabarse, permite subir, de 9 h a 16 h, sin ningún esfuerzo hasta los 3.500 m de altitud (Tel. 922 38 37 11). Desde este punto parten tres senderos; para el que va hasta lo alto del Teide se necesita un permiso especial. Los otros dos se pueden recorrer sin ningún problema: uno va hasta La Fortaleza, desde donde se divisa toda la parte oriental, y el otro, al mirador del Pico Viejo.

En el Parque Nacional hay dos Centros de Visitantes; el del Portillo, situado en la conjunción de la C-821, que va desde La Orotava hasta Las Cañadas del Teide, con la C-824 (TF-24) que discurre por el cordal de la isla hasta La Laguna; el otro, llamado Cañada Blanca, se encuentra en la zona de Las Cañadas, cerca del Parador de Turismo.

Al interior del primero se accede a través de un tubo volcánico, reproducción de la Cueva del Viento (uno de los más largos de Canarias) y en él podemos ver todo lo referente a vulcanismo, formación geológica, fauna y flora, mientras el segundo está dedicado a la historia y poblamiento humano.

Ambos están abiertos todos los días de 9 h a 16 h y desde ellos se organizan rutas gratuitas; la más conocida es la de las Siete Cañadas, que une ambos centros, aunque también se realiza un itinerario por los Roques, Arenas Negras y La Fortaleza.

Cerca de la cumbre del Teide, a 3.200 m de altitud, se encuentra el refugio vigilado de Altavista, en el que se puede pernoctar solicitando el correspondiente permiso (Tel. 922 23 98 11). Si tomamos la carretera C-824, a 6 km del Portillo llegaremos al Pico Izaña (2.387 m), donde se encuentra un observatorio astrológico que se puede visitar normalmente los viernes previa cita. La carretera prosigue por un paisaje de excepción y en 37 km más nos deja en la ciudad de La Laguna.

Oficina del Parque Nacional, c/ Emilio Calzadilla, 5. Tel. 922 29 01 29 (Santa Cruz de Tenerife)

Nieve, lava y mar de nubes en claro contraste con el turismo de sol y playa.

Caldera de Pedro Gil e imágenes del Parque Nacional del Teide; derecha, Los Cristianos y la playa de las Américas.

TURISMO RURAL

La **Central de Reservas ATTUR** (Asociación tinerfeña de turismo rural) que aglutina las diferentes asociaciones locales, se encuentra en Santa Cruz de Tenerife y a través de ella podemos reservar más de 30 casas rurales. Tel. 922 21 55 82.

De todas ellas, hemos hecho una pequeña selección; algunas sólo se alquilan por un mínimo de días.

ARICO

• El Moral

Los detalles y el buen gusto acompañan el ambiente de esta casa situada en La Sabinita, barrio de Arico al que se accede desde la C-822 después de pasar por La Degollada (Sureste de la isla).

La casa está formada por un conjunto de pequeñas edificaciones propias de la arquitectura canaria.

Así, por un lado están el salón-comedor, la cocina y el cuarto de baño; por el otro, el dormitorio principal con su pequeño cuarto de baño y aún hay una tercera estancia con dos camas (una de ellas es un altillo).

El conjunto está rodeado por un jardín donde crecen todo tipo de flores y en el que hay una barbacoa cubierta donde preparar la comida en verano.

La arquitectura y sobre todo los detalles están cuidados al máximo; hay calefacción por radiadores eléctricos.

• Casa La Plaza

Se encuentra en el casco urbano de Arico Nuevo y se trata de una casa con patio central desde el que se accede a las diferentes estancias.

Consta de tres habitaciones, dos cuartos de baño, dos cocinas y un par de salas.

• Casa Bailón

Está en Arico Viejo y es una vivienda pequeña situada en medio de una finca agrícola y ganadera.

Tiene dos habitaciones, cuarto de baño, cocina y salón ubicado en una cueva. También hay porche, barbacoa y una granja con diferentes animales.

• Casa Guajara

Se encuentra al lado de la iglesia de El Río, pueblecito del municipio de Arico. Consta de una habitación doble muy amplia con una cama auxiliar, un par de cuartos de baño, cocina, salón y una pequeña terraza.

• **Casa La Tunera**

Está en el centro del pueblo de Arico y consta de dos habitaciones a las que se puede añadir una cama auxiliar, dos cuartos de baño, cocina, salón-comedor, patio interior, barbacoa y huerta.

ARAFO

• **Casa del Cura**

Las antiguas dependencias de este caserón de Arafo, población situada cerca de Güimar, han sido transformadas en tres pequeños apartamentos donde en la planta baja se encuentra la cocina-comedor y por una escalera empinada se llega al dormitorio. Los tres apartamentos tienen como zona compartida un salón con chimenea y una zona ajardinada donde hay una pequeña piscina.

CANDELARIA

• **Casa del Maestro**

Casa tradicional canaria situada en las afueras del pueblo, que se compone de dos habitaciones (una de ellas individual), cocina, salón-comedor y cuarto de baño. Tiene además patio, barbacoa y está rodeada de huertas.

EL SAUZAL

• **Casa Las Riquelas**

Está al lado del barranco Cabrera, en las afueras de El Sauzal, pueblo situado al Noroeste de la isla. La vivienda tiene dos habitaciones, cocina, salón, cuarto de baño, amplia terraza con barbacoa y huertas alrededor.

FASNIA

• **Casa La Vista**

Está en el barrio de La Zarza, en las afueras de la población de Fasnia (al Este de la isla) y tiene una habitación, sala de estar y cuarto de baño, mientras la cocina se encuentra en un edificio contiguo. Hay un patio y huertas alrededor.

GARACHICO

• Casa Los Parrales

En las afueras de Garachico, pueblo costero situado al Noroeste de la isla, se encuentra esta casa, que habían sido las cuadras donde se guardaba el ganado. Consta de dos habitaciones (una de ellas individual), cocina, salón-comedor, cuarto de baño, terraza, azotea que hace las veces de solarium y una amplia finca con huertas y árboles frutales.

ICOD DE LOS VINOS

• Casa Mortero

Se trata de una casa tradicional ubicada en las afueras del pueblo, en medio de una finca de 500 m^2. Consta de dos habitaciones, cocina-comedor con chimenea, sala de estar y cuarto de baño. Tiene jardín con gran variedad de flores y huerta.

GÜIMAR

• Casa La Hoyita

Casa tradicional canaria de dos plantas situada en el barrio de La Hoya, en las afueras de Güimar (al Este de la isla). En el piso de abajo están la cocina y el comedor, mientras arriba se encuentran una habitación y el cuarto de baño.

LA MATANZA DE ACENTEJO

• Casa Suerteluna

En el Noroeste de la isla se encuentra esta casa tradicional rodeada de amplias zonas ajardinadas, finca de viña y árboles frutales.

Tiene tres habitaciones más una auxiliar, tres cuartos de baño en uno de los cuales hay hidromasaje, cocina, comedor, sala de estar, porche y patio con barbacoa y horno de piedra.

• Finca La Blasina

Está situada en una zona aislada y se trata de una casa tradicional que ha sido restaurada conservando prácticamente su estructura tradicional. Tiene dos habitaciones y cuarto de baño, mientras que en la parte baja está la cocina, comedor y el salón. Además también hay solarium, *jakuzzi*, aparatos de gimnasio, barbacoa y una finca de huerta con viñedos y árboles frutales.

TEGUESTE

• Casa El Porte

Al Noreste de la isla, en la península de Anaga, está esta casa tradicional con tres habitaciones a las que se puede añadir una cama auxiliar, cuarto de baño, aseo, cocina-comedor, patio y terraza con barbacoa.

HOTELES SINGULARES

Tenerife es isla de grandes complejos hoteleros con mucha presencia del denominado turismo de sol y playa. En todo el Suroeste y en la zona del valle de La Orotava proliferan los complejos turísticos de apartamentos y hoteles de tres, cuatro y hasta cinco estrellas. Entre estos últimos queremos resaltar el **Jardín Botánico**, Tel. 922 38 14 00, en Puerto de la Cruz, de corte tradicional cuyas estancias envuelven una zona ajardinada con piscina y el **Gran Hotel Bahía del Duque**, Tel. 922 74 69 00, de diseño más moderno y con colores cálidos en su decoración.

• Casa Amarilla

Esta vivienda de estilo colonial situada el noroeste de la isla entre los pueblos de Los Silos y Buenavista, la hemos colocado aquí por el nivel de prestaciones que ofrece. Se encuentra a 250 m de la costa, en un lugar aislado y rodeada de una plantación de plataneras; tiene cinco habitaciones con baño y numerosos rincones encantadores, como el cuarto de estar el porche, la terraza y los jardines. Además, también hay piscina.

DIRECCIÓN

Casa Amarilla - La Caleta de Iterián
Los silos - Tel. 922 84 01 18

• Hotel Senderos de Abona

Establecido en el antiguo edificio de correos rehabilitado con exquisito gusto, en una calle peatonal junto a la iglesia del pueblo de Granadila de Abona, se encuentra este hotel rural donde todas las habitaciones disponen de cuarto de baño, teléfono y televisión. El hotel, donde se ha cuidado al máximo la atmósfera de mediados del siglo XIX, está rodeado de jardines y tiene un museo del mundo rural, piscina y un restaurante de cocina tradicional

DIRECCIÓN

Hotel Senderos de Abona
Granadilla de Abona - Tel. 922 77 02 00

• Parador de Turismo

A 2.140 m de altitud y dentro del Parque Nacional se encuentra este Parador de Turismo que fue reformado por completo en 1996.

Repartidas en tres plantas, la última de las cuales es abuhardillada, se encuentran las 23 habitaciones, todas con baño, calefacción, teléfono y televisión. Además hay restaurante, piscina, pista de tenis y bonitos jardines alrededor del edificio.

DIRECCIÓN

Parador de las Cañadas del Teide
Tel. 922 38 64 15

LUGARES DE INTERÉS

Santa Cruz de Tenerife es la capital de la isla; uno de sus momentos más antiguos es la iglesia de la Concepción, del siglo XV, con artesonados de estilo portugués y mudéjar, además de retablos barrocos del siglo XVII en su interior y una buena colección de imágenes. Otra iglesia importante es la de San Francisco en la calle Villalba Hervás, edificación que data de los siglos XVII y XVIII con importantes frescos e imaginería en su interior.

Para aquellos que estén interesados en la historia, es muy interesante el Museo de Arqueología y Ciencias Naturales de Tenerife, situado en el antiguo hospital civil (Tel. 922 22 49 38), al igual que el Museo de Historia que se encuentra en La Laguna (Tel. 922 63 01 21). En Santa Cruz de Tenerife no debemos olvidar los carnavales, los cuales compiten en fastuosidad con los de Gran Canaria.

Muy cerca de la capital se encuentra **La Laguna**, sede episcopal de la universidad y el primer Cabildo. Hasta el siglo XIX fue la capital de la isla y de toda esta época esplendorosa queda un casco antiguo lleno de palacetes y edificios de interés, como la iglesia de Santo Domingo con una portada de estilo plateresco y artesonados mudéjares en su interior, el antiguo seminario y a poca distancia, en la plaza del Adelantado, el edificio del ayuntamiento y el convento de las monjas Catalinas, edificio del siglo XVII. Otro convento es el de Las Claras, en cuya iglesia del siglo XVI podemos admirar su artesonado, dos lienzos de Juan de Miranda y diversas imágenes. En el convento de San Francisco se puede ver un Cristo crucificado del siglo XV de estilo gótico, cuya festividad se celebra el 14 de septiembre; en la catedral situada en la calle del Obispo Rey Redondo podemos admirar un buen número de cuadros e imágenes. La Casa del Corregidor y la Casa de Los Capitanes también están en la misma calle; cerca de aquí tenemos el palacio de los Condes del Valle de Salazar, convertido en palacio episcopal, y muy próximo a él se levanta la iglesia del Hospital de los Dolores con diversos lienzos y tallas.

El casco antiguo de **La Orotava**, declarado monumento histórico-artístico, también guarda edificios de gran valor de los siglos XVII y XVIII, como la Casa de los Balcones, la de la familia Medina, Casa Monteverde, etc. Como edificios religiosos tenemos la iglesia de La Concepción, de la segunda mitad del siglo XVIII, declarada monumento nacional, con tres preciosos

Puerto de la Cruz.

Masca en el Parque Rural de Teno.

retablos y la iglesia de San Juan del Farrobo con un artesonado mudéjar medio pintado. Por la festividad del Corpus Christi, las calles de esta población se engalanan con alfombras de flores que son una verdadera obra de arte.

Puerto de la Cruz ha crecido muchísimo y las zonas dedicadas a la agricultura ha dejado paso al desarrollo turístico. Aun así, hay espacios que se han urbanizado con gusto como el Lago Martiánez, donde se nota la mano de César Manrique. También es digno de mención el Jardín Botánico fundado en 1780, durante el reinado de Carlos III, que contiene una interesante colección de flora, con numerosas especies traídas de sudamérica.

Icod de los Vinos hace honor a su apellido, con apreciados caldos vigilados por el drago milenario, árbol que se ha convertido en verdadero símbolo de Tenerife junto al Teide. Cerca de él se extiende un bonito parque y abajo en la playa de San Marcos, junto a algunas construcciones hoteleras se encuentra el puerto deportivo. La plaza de la Pila con su fuente dieciochesca es el centro de la localidad que alberga numerosos edificios antiguos, como las iglesias de San Marcos, San Agustín, Nuestra Señora de las Angustias, el antiguo convento de San Francisco, la Casa de los Evora, la de los marqueses de Santa Lucía y el palacio de los Cáceres, entre otros. El **Garachico** actual se levanta sobre el antiguo pueblo que fue sepultado por una lengua de lava en 1706. Iglesias y conventos no le faltan a esta población, cuya imagen más característica es el roque que se levanta frente a ella. A su lado, los municipios de El Tanque, Los Silos, Buenavista, Santiago del Teide y Guía de Isora, son abruptos y escarpados, con profundos barrancos como el de Masca y altos acantilados como el de Los Gigantes; todo ello fruto de las sucesivas erupciones que tuvieron lugar a principios del siglo XVIII.

Algunos de estos municipios están integrados en el **Parque Rural de Teno**, que ocupa buena parte de la península que se encuentra en el extremo noroccidental de la isla. A sus singulares valores naturales, hay que añadir la importancia de este paisaje agrícola salpicado de caseríos, en los que todavía podemos observar viejas costumbres y tradiciones, así como trabajos de palma y mimbre. Una carretera serpenteante (la TF-1426) se descuelga desde Santiago del Teide hasta Buenavista, pasando por los caseríos de Masca, Las Portelas y El Palmar. Numerosos itinerarios a pie permiten descubrir este sorprendente macizo volcánico; el que va de Santiago del Teide a Los Gigantes, el de Masca hasta la playa pasando por el barranco del mismo nombre y el del Draguillo a la Punta de Teno entre otros. (Oficina de gestión del parque, Tel. 922 12 80 43.)

La Laguna.

El Loro Parque

Si existe un lugar en Puerto de la Cruz que puede satisfacer a grandes y pequeños, éste es el Loro Parque. Fundado originariamente como un parque de papagayos, hoy en día alberga la mayor colección del mundo de esta especie de pájaros. A éstos se unen los espectáculos protagonizados por los delfines (4 al día) leones marinos (5 al día), papagayos (6 al día), el acuario y últimamente se está habilitando un espacio para los pingüinos. Entre los 135.000 m^2 también se puede encontrar un espacio donde se ha recreado un hábitat para los gorilas y otro para los chimpancés y tigres; estos últimos fueron acogidos por el parque, cuando la ley de protección de los animales se los quitó a los numerosos fotógrafos ambulantes que los utilizaban como reclamo fotográfico entre los turistas.

El Loro Parque es el lugar ideal para pasar todo el día, con sus ambientes tailandés, africano, oriental, la sala de proyecciones especiales y los distintos bares y restaurantes repartidos por todo el recinto; también es muy interesante visitar la *baby-station* donde se pueden ver las crías recién nacidas y la clínica donde se recuperan los pájaros enfermos.

Esta entidad, donde trabaja un equipo de biólogos y naturistas, cumple otras facetas como la cría en cautividad de especies en peligro de extinción, para lo cual se ha creado una fundación que nutre de fondos los distintos proyectos. Es el tercer lugar más visitado de Canarias; permanece abierto todo el año. (Precios: Adultos, 2.600 Pta.; niños de 6 a 12 años, 1.300 Pta.; menores, gratis. Tels. 922 37 38 41 - 922 37 40 81.)

Virgen de la Candelaria, patrona de Canarias.

GASTRONOMÍA

Un plato muy popular de Tenerife es el escaldón, que consiste en caldo de carne o pescado, que se echa hirviendo sobre el gofio; además, se añaden otros ingredientes como cebolla, papas, guindilla y algunas hierbas aromáticas. Los vinos de siempre tuvieron fama en esta isla, donde las primeras cepas fueron traídas por un portugués en el año 1580; desde entonces los vinos de la isla ha alcanzado fama internacional y gozan de varias denominaciones de origen. En el municipio de El Sauzal se encuentra la llamada «Casa del Vino» con numerosa información (Tel. 922 57 25 35) y un restaurante con especialidades canarias (Tel. 922 56 33 88).

De entre los más de 2.000 restaurantes abiertos en Tenerife hemos hecho una muy pequeña selección. En La Laguna, **El Tonique**, Tel. 922 26 15 29, está especializado en tapas y raciones con unas sabrosas croquetas y pimientos del piquillo; en la misma localidad se encuentra **La Hoya del Camello**, Tel. 922 26 51 05, con buenos arroces y carne de cordero. En el casco antiguo de La Laguna también hay algunas «tascas» como **La Vicaría**, donde tomar raciones acompañadas de buen vino.

En Tegueste, localidad situada en el Norte cercana a La Laguna, tenemos **Casa Tomás**, Tel. 922 63 80 07, con una buena cocina canaria donde destacan las costillas con papas. Si nos adentramos en la península de Anaga, no debemos dejar de visitar **Casa José Cañón**, en Afur, Tel. 922 69 01 41, pequeño pueblo situado en el fondo de un barranco (véase Itinerario 1); allí en plan muy casero nos ofrecen carne de conejo en adobo, bacalao, rancho, garbanzos guisados con carne y todo ello acompañado por el vino de la tierra.

José Cañón en Afur tiene un pequeño pero encantador restaurante.

Yendo hacia el Sur, en Granadilla de Abona tenemos **El Jable**, Tel. 922 39 06 98; su especialidad es el solomillo al Jable, además de diversos platos de la cocina canaria. En Vilaflor, en el restaurante **El Sombrerito** conocido también por Casa Chicho, Tel. 922 70 90 52, encontraremos platos tradicionales como el puchero, escaldón y carnes de cabra y conejo guisadas. En Tenerife hay una guía gastronómica con una selección de los 100 mejores restaurantes.

El pescado a la plancha acompañado de papas arrugadas es uno de los mejores platos de la isla.

TURISMO ACTIVO

• Senderismo, BTT

Recorrer la isla a pie o en bicicleta puede resultar un verdadero placer dada la variedad de paisajes. En las penínsulas de Teno y Anaga hay numerosos senderos señalizados, lo mismo que en el Parque Natural Corona Forestal y en el Parque Nacional del Teide. Algunas de las empresas, como Aden y Gaiatours, proponen actividades de multiaventura con escalada, descenso de barrancos, rutas ecuestres, etc.

Long Way. Tel. 922 29 25 33
Aden (Actividades y deportes en la naturaleza). Tel. 922 24 62 61
A tu aire libre. Tel. 922 30 14 75
Gaiatours. Tel. 922 35 52 70
Area rural. Tel. 922 15 06 67
Aeonium. Tel. 922 22 52 04
Canarias Trekking. Tel. 922 22 52 04
Montain bike Icod. Tel. 922 12 24 01

Alto de Izaña.

• Parapente, paracaidismo

Por las condiciones climáticas de Tenerife y la altura de algunos de sus puntos, el parapente es uno de los deportes que se pueden practicar aprovechando las térmicas que se crean a determinadas horas del día.

Escuela de parapente "Izaña", Tel. 922 52 45 26 (Güimar)
Escuela de parapente de Tenerife. Tels. 922 32 22 76 - 608 02 70 90
Club Parapente Norte. Tel. 922 34 12 28
Club Parapente Atlántida. Tel. 922 22 44 65
Club del Sur. Tel. 922 78 13 57
Parapente Tenerife. Tel. 922 52 42 63
Club Carbonero. Tel. 922 28 51 66
Parapente Alisios. Tel. 922 30 03 50
Club de Paracaidismo de Tenerife. Tel. 608 26 52 93

• Excursiones a caballo

El caballo sigue siendo un elemento adecuado para recorrer la isla de Norte a Sur. Algunas hípicas también imparten clases de perfeccionamiento.

El Rodeo de La Paja. Tel. 922 25 40 11 (El Ortigal-La Laguna)
Club Hípico La Atalaya. Tel. 922 25 14 10 (Camino de San Lázaro-La Laguna)
Centro Ecuestre Amarilla. Tel. 922 78 57 77 (San Miguel de Abona)
Centro Hípico Los Brezos. Tel. 922 56 72 22 (La Esperanza-Tacoronte)
Hípica El Molino. Tel. 922 54 16 58 (Tegueste)
Club Hípico Los burros alegres. Tel. 922 76 54 06 (Maretas del Río-Arico)

• Golf

En Tenerife hay media docena de campos de golf, la mayoría de ellos situados en el Sur, cerca de los centros turísticos y se están construyendo cuatro más en Punta de Abona, cerca de La Caleta, Los Gigantes y Buenavista.

Real Club de Golf de Tenerife, se encuentra en El Peñón (Tacoronte) a 16 km de la capital. Fue fundado por los ingleses en 1932 y tiene 18 hoyos, par 71, con un recorrido muy técnico de 5.750 m. Tel. 922 63 66 07.

Golf del Sur está en San Miguel de Abona y se trata de un campo de 27 hoyos donde se han celebrado diversas competiciones internacionales. Hay tres recorridos siendo los B y C (Norte y Sur) con 5.870 m, par 72, los que entrañan más dificultad. Tel. 922 73 81 70.

Amarilla Golf & Country club se encuentra también en San Miguel de Abona, cerca del mar, y cuenta con 18 hoyos, par 72, y un recorrido de 6.077 m. Tel. 922 73 03 19.

Centro de Golf Los Palos está en el municipio de Arona y cuenta con un campo de 9 hoyos, par 72, donde predomina una abundante vegetación y obstáculos de agua. Tel. 922 73 00 80.

Golf Las Américas, situado entre las playas de Las Américas y Los Cristianos, tiene 18 hoyos, par 72, con un recorrido de 6.039 m. Tel. 922 75 20 05.

Golf Costa Adeje, está a 5 km de Playa de Las Américas y los primeros 18 de los 27 hoyos de que consta el proyecto ocupan una superficie de 800.000 m^2. El recorrido es de 6.330 m y el par 72. Tel. 922 71 08 79.

Golf del Sur en San Miguel de Abona.

• Vela, pesca, windsurf

Muchos de los deportes que se pueden realizar en Tenerife están relacionadas con el mar; hay más de media docena de puertos deportivos donde anclar el yate o alquilar un barco para hacer una excursión marítima o practicar pesca de altura. También hay varios centros dedicados al windsurf, actividad que goza de unas condiciones óptimas en la playa del Médano.

• Puertos naúticos

Marina Tenerife. Tel. 922 59 12 47 (Santa Cruz de Tenerife)
Real Club Naútico de Tenerife. Tel. 922 27 37 00 (Santa Cruz de Tenerife)
Escuela Naútica. Tel. 922 27 42 00 (Santa Cruz de Tenerife)
Puertos de Los Cristianos. Tel. 922 79 11 05 (Los Cristianos-Arona)
Puertos de Los Gigantes. Tel. 922 86 06 30 (Santiago del Teide)
Puerto Colón. Tel. 922 71 41 63 (Adeje)

• Pesca deportiva

Golden Martín. Tels. 922 71 49 67 - 670 83 43 43 (Puerto Colón-Adeje)
Tenerife Servicios Turísticos. Tel. 608 64 39 63 (Puerto Colón-Adeje)
Marítima Acantilados. Tels. 922 86 19 18 - 922 86 07 26

• Windsurf y Surf

Centro Insular de Deportes Marinos. Tels. 922 60 56 05 - 922 24 09 45 (San Andrés)
Sunwind. Tel. 922 17 61 74 (El Médano)
Hotel Playa Sur. Tel. 922 17 61 20 (El Médano)
Centro Windsurf. Tel. 922 17 62 40 (El Médano)

• Paseos en barca

Yacht charter Tenerife. Tel. 922 71 54 04
Euronautic. Tel. 922 79 80 43
Canarias Cruising Club. Tel. 670 23 26 31

El Médano es una de las mejores playas para la práctica del windsurf.

Fauna submarina.

• Visita a las ballenas

Nostramo y Tropical Delfín. Tel. 922 75 00 85
Black Jack. Tel. 922 79 44 04
Linca Thopaga. Tel. 922 29 20 19
Nashira Uno. Tel. 922 86 19 18
Lady Shelley. Tel. 922 75 75 00

• Submarinismo

Una isla como Tenerife ofrece a los amantes del buceo con escafandra autónoma numerosas posibilidades. La visibilidad de las aguas entre 25 y 30 m y la temperatura que oscila entre los 18 °C en invierno y los 27 °C en verano, hacen que sea una delicia sumergirse en las aguas de esta isla con un paisaje submarino de origen volcánico, con cuevas, cañones, grietas y demás accidentes geográficos donde se esconde numerosa fauna.

En Tenerife hay más de una treintena de centros de buceo, de los que hemos hecho una selección basándonos en criterios de profesionalidad y prestaciones en un deporte donde son muy importantes estos conceptos. De entre todos el **Club Coral Sub** es el más antiguo, con unas instalaciones que comprenden una gran piscina de agua salada (el club está en el complejo Hotel Park Ten-Bel), 4 compresores con sus depósitos de aire para carga de botellas, 30 equipos completos con monobotellas de 12 l y 15 l y 4 lanchas neumáticas con una capacidad total para 60 buceadores. Las inmersiones las vienen realizando en la pared de las morenas, la cueva de Alí-Baba, a 18 y 45 m de profundidad, todas ellas a unos 15 minutos de navegación, además de alguna excepcional entre rayas, tortugas y fauna pelágica (jureles, barracudas, atunes, etc.).

La cámara hiperbárica para accidentes de descompresión está situada en el Hospital Universitario de La Laguna (Tel. 922 67 80 00); para cualquier accidente, por medio del localizador hay que buscar al médico y al camarista. (Tel. localizador 922 24 62 44, busca médico 1174, busca camarista 1175.)

Club Coral Sub. Tel. 922 73 00 60 (hotel Ten Bel-Las Galletas)
Barracuda Club. Tel. 922 74 18 81 (Playa Paraíso)
Park Club Europe. Tel. 922 75 27 08 (Playa Las Américas)
Tenesub Marine. Tel. 922 73 16 05 (Las Galletas)
San Borondon. Tel. 922 86 56 14 (Playa San Juan)
Los Gigantes club. Tel. 922 86 04 31 (Puerto de los Gigantes)

Barranco de las Hayas en Valle Gran Rey.

La isla de La Gomera es la segunda más pequeña de todas las islas Canarias; su extensión es de sólo 378 km², tiene un diámetro aproximado de 24 km y una forma casi circular. A pesar de sus reducidas dimensiones, su orografía es complicada: el punto más elevado es el alto de Garajonay, de 1.487 m, y desde el centro de la isla descienden hasta el Atlántico 34 barrancos principales, algunos de los cuales, en su salida al mar, forman bonitas playas. Esta complicada geografía hace que circular por la isla se convierta en una sucesión interminable de curvas, con continuas subidas y bajadas de fuerte pendiente. Para evitar desplazarse de un lado a otro, antiguamente se desarrolló un lenguaje conocido como «silbo gomero», con el que se podía comunicar salvando grandes distancias.

La Gomera es la única isla del archipiélago en la que no han tenido lugar erupciones volcánicas recientes (la última erupción aconteció hace unos dos millones de años). Como consecuencia de ello, la erosión ha actuado con mayor continuidad formando espectaculares roques y fortalezas además de los mencionados barrancos. La isla cuenta con 16 espacios naturales protegidos, entre los que destaca el Parque Nacional de Garajonay, con uno de los bosques más importantes de laurisilva.

Los pueblos están compuestos por caseríos dispersos que se asientan como pueden en las laderas de los barrancos. Su población, de aproximadamente 17.000 habitantes, se ha esforzado desde siempre en encontrar un pedazo de tierra para trabajar; así surgieron los cultivos en terrazas que, de forma escalonada, van aprovechando el terreno. Huertas donde crecen verduras y tomates, además de plataneras, forman parte de esta economía de subsistencia. La palmera autóctona, de donde se extrae el guarapo, del que saldrá la miel de palma, es otra de las explotaciones agrarias a nivel artesanal.

Torre del Conde en San Sebastián de la Gomera.

San Sebastián de la Gomera, aún siendo la mayor de las poblaciones, no llega a los 5.000 habitantes. Al Norte se hallan Hermigua, que fue capital de la isla antes de la conquista, y Vallehermoso, como localidades más importantes, y al Sur, Playa de Santiago y Valle Gran Rey, que van camino de convertirse en grandes centros turísticos; el segundo de ellos, desgraciadamente, ya ha perdido el encanto que tenía hace unos años.

• La dominación de La Gomera: amoríos y leyendas

Aunque la isla ya había sido visitada por una expedición enviada por Alfonso el Benigno de Aragón durante el siglo XII, no es sino a partir de 1445 cuando el señorío de La Gomera empezó a ser gobernado por varias generaciones de los Peraza.

Uno de ellos, Hernán Peraza, apodado «El joven», nieto del primero de los Peraza que se estableció en la isla, escribió uno de los sucesos más luctuosos de la conquista de estas islas. Su mandato fue tiránico y conoció varias sublevaciones del pueblo aborigen. Se unió en matrimonio a la cortesana Beatriz de Bobadilla, de quien dicen que Isabel la Católica expulsó de la Corte por sus amoríos con Fernando. Su marido cayó degollado cerca del lugar denominado Degollada de Peraza (véase Itinerario 1) a manos del caudillo Hautacuperche, por mantener relaciones con la princesa Iballa. La represión que emprendió Beatriz por tal hecho, con la ayuda de Pedro de Vera, conquistador de Gran Canaria, fue tal que, después de prometer perdón a los indígenas que acudieran al funeral de su marido, los fue sacando de uno en uno de la iglesia por la puerta que se conoce como del Perdón, para lanzarlos por el acantilado.

De todas maneras, también se cuenta cómo esta mujer encontró consuelo en Cristóbal Colón, quien estuvo en esta isla antes de emprender el viaje definitivo hacia América el 6 de septiembre de 1492. Beatriz de Bobadilla se casó luego con Alonso Fernández de Lugo, otra personalidad clave en la conquista de Canarias, y murió en la Corte de Madrid el año 1504.

ITINERARIO 1
ALREDEDOR DE LA ISLA

Existe una carretera, que en el momento de realizar esta guía se estaba ampliando en algunos de sus tramos, la cual prácticamente da la vuelta a toda la isla. Por un itinerario de unos 22 km se puede ir desde la capital hasta **Hermigua**, con la posibilidad de desviarse hasta **El Cedro** (véase Garajonay). Desde Hermigua por **Agulo** llegaremos a **Vallehermoso**, dejando a medio camino el desvío hasta el Centro de Visitantes del Parque Nacional de Garajonay. De esta última población regresaremos a San Sebastián de la Gomera atravesando el parque nacional; pero antes dejaremos a la derecha los desvíos hacia **Arguamul**, **Tazo** y **Alojera** (véase Itinerario 2) y un poco más adelante la carretera que en 18 km desciende hacia **Valle Gran Rey**, antiguo reducto de *hippies* compartido ahora con alguna urbanización; allí encontraremos también playas de arena negra, para tomar un baño, y el puerto de Vueltas, donde el colorido de las embarcaciones contrasta con el negro del acantilado (desde este lugar hay servicio de *hidrofoil* con San Sebastián y Los Cristianos, en Tenerife). En el extremo opuesto, la pensión Las Jornadas, conocida popularmente como Casa María, sigue siendo el lugar para las tertulias de los lugareños, mezclados con turistas y gentes que aún arrastran la última esencia *hippie*.

En nuestro descenso hacia este núcleo, pasado el pueblo de Arure, encontraremos el **mirador de César Manrique**, bonito lugar convertido en restaurante, en el que además de comer bien podemos gozar de unas vistas inmejorables del barranco de las Hayas, con sus caseríos diseminados entre palmeras.

De vuelta a la capital, si no queremos regresar a la carretera principal, desde Arure sale a la derecha un desvío señalizado con el indicador Parque Nacional de Garajonay. Esta carretera nos llevará en 6 km hasta el pueblecito de Las Hayas. Allí tenemos la opción de continuar por la derecha hacia **Chipude**, adonde llegaremos al cabo de unos 7 km. En este pueblo, situado frente a la montaña denominada La Fortaleza (1.243 m) donde se han encontrado numerosos restos arqueológicos, podemos adquirir alguna pieza de cerámica a los alfareros que allí trabajan. De Chipude sale una larga carretera que nos acercará hasta **La Dama** y **La Rajita**; el primero es un pueblecito situado frente al mar y rodeado de plataneras, con la ermita de Nuestra Señora de Las Nieves, con vigilancia perpetua. En La Rajita se ubica una antigua fábrica conservera de atún, actualmente cerrada, con sus viviendas, talleres, iglesia y espacios de ocio.

A 7 km de Chipude accederemos a la carretera que baja hasta **Playa de Santiago**, otro de los centros turísticos de la isla, que no ha crecido tanto como Valle Gran Rey, al que llegaremos al cabo de 10 km. Esta zona, donde encontraremos una tras otra las playas de Tapahuga, del Medio y de Chinguarime (hasta la primera se llega en vehículo por una pista de tierra), está dominada por los noruegos, como le llaman cariñosamente los gomeros a la empresa de Fred Olsen, que explota el hotel Tecina y diversos núcleos de turismo rural. Estos noruegos llegaron aquí hacia los años veinte para emprender el cultivo de tomates y actualmente han diversificado los negocios con una naviera e importantes complejos turísticos.

Entre Alajeró y Playa de Santiago se halla ubicado el aeropuerto, listo para entrar en funcionamiento. Para regresar a la

Aconium, también llamado flor de risco.

carretera principal podemos hacerlo por otra ruta distinta, que sube por la lomada de Tecina y pasa por los caseríos de Vegaipala y Jerduñe. Al llegar a la TF-713 saldremos al mirador **Degollada de Peraza**, lugar histórico desde el que tenemos una fantástica panorámica del barranco Cercado Hondo con sus caseríos diseminados, y al fondo, a la derecha, el imponente pico del Teide (no olvidemos que desde La Gomera es desde donde se observa mejor el Teide). Ahora sólo nos queda descender hacia San Sebastián de la Gomera por la lomada del Camello, para cerrar el círculo.

Pero si nuestra opción es seguir por la carretera general TF-713 sin recorrer este itinerario que hemos descrito anteriormente, en la bifurcación que nos llevaba a Valle Gran Rey, seguiremos en dirección a San Sebastián. Al llegar al lugar denominado **La Laguna Grande** encontraremos una zona recreativa con restaurante; desde allí parten diversos senderos y también una pista asfaltada, que en 9 km, cruzando todo el parque nacional, nos llevará hasta el Centro de Visitantes, situado al otro lado de la isla. Éste es un recorrido interesante, sobre todo si queremos acortar camino entre las zonas Norte y Sur de la isla.

Más adelante encontraremos el camino que nos llevará en 1,4 km al **alto de Garajonay**, el punto más elevado de la isla. Por el otro lado sale el itinerario donde, también a pie, podemos ir en 4,8 km hasta el caserío del Cedro, por una de las rutas más características de la isla. Enseguida empiezan a aparecer distintos miradores desde donde podremos disfrutar de estos paisajes sorprendentes; probablemente el más espectacular sea el de los Roques, donde se alzan varias de estas formaciones volcánicas.

Un poco más adelante, por la izquierda, la carretera TF-711 nos permite cruzar la isla hasta la montaña de El Cedro, saliendo cerca de Hermigua. A partir de este punto, siguiendo por la TF-713, enseguida nos situaremos en la Degollada de Pedraza, punto común con el itinerario anterior, desde donde regresaremos a la capital de la isla.

ITINERARIO 2
ARGUAMUL, TAZO Y ALOJERA

En el Oeste de La Gomera, dentro del municipio de Vallehermoso, podemos realizar uno de los itinerarios por las poblaciones y paisajes menos transformados por el turismo.

De la carretera que rodea la isla, una vez pasado el desvío hacia Valle Gran Rey en dirección a Vallehermoso, encontraremos a la izquierda una carretera con la indicación Alojera, Arguamul y Tazo, entre otras direcciones. Al cabo de 0,8 km dejaremos el camino asfaltado para tomar la pista de tierra que sigue hacia las dos últimas poblaciones; el camino, apto para todo tipo de vehículos, va descendiendo y, a 2 km de distancia dejamos a la derecha el desvío hacia la ermita de Santa Clara; 2,1 km más adelante sale por la izquierda la pista que va hacia Tazo, y que tomaremos después. Continuamos, pues, en dirección a Arguamul y el camino continúa ahora colgado en la ladera de la montaña con unas vistas espectaculares; 1,9 km después llegamos a una bifurcación: estamos en **Arguamul**. El camino de la derecha va hacia el barrio alto de este pueblo diseminado por el barranco de San Juan. Numerosas palmeras y huertas adornan el paisaje de una aldea donde no viven más de 25 personas; si tomamos la pista de la izquierda, en un zigzag espeluznante de 2 km llegaremos a las cuatro casas del barrio bajo. Desde allí podemos ver emergiendo en el mar los Roques, formaciones volcánicas batidas por las olas, y a la derecha los Órganos, roque volcánico al que la erosión del mar le ha dado su configuración actual, y cuya mejor perspectiva se tiene sin lugar a dudas, desde el agua. La última de las casas está dedicada al turismo rural en un lugar verdaderamente perdido del mundanal ruido.

Deberemos regresar por la misma pista tomando ahora el camino hacia **Tazo**. Al cabo de 1,6 km llegaremos a una bifurcación; delante de nosotros se abre un frondoso palmeral donde, como en todos los pueblecitos de esta zona, se extrae la miel de palma. Seguimos por la derecha y pasamos por delante de la ermita de Santa Lucía, y a continuación dejaremos un desvío a la izquierda; el camino va siguiendo el barranco de Tazo y las huertas en terrazas se escalonan en su laderas; pronto llegaremos a otra bifurcación y una pequeña indicación a la derecha nos señala Alojera. A 4 km de distancia desembocamos en otra pista y por la derecha ya encontramos las primeras casas de **Alojera**. En la siguiente bifurcación vamos también a la derecha y llegaremos enseguida a la carretera que baja hasta este pueblo, la cual hemos dejado al principio del itinerario.

Las casas se mezclan con el palmeral; en muchas de las palmeras veremos cómo se recoge su néctar gota a gota, con cubos situados en lo alto. Si queremos llegarnos hasta la playa iremos a la derecha y en un par de kilómetros estaremos en las cuatro casas que conforman este barrio; algunos apartamentos y un pequeño restaurante acompañan las arenas negras de esta playa. Alojera es el único pueblo de los tres donde encontraremos algún lugar para comer. La carretera, tras 10,7 km de curvas, nos devolverá a la carretera general de donde hemos partido al principio.

Arguamul.

TURISMO RURAL

La oferta de casas de turismo rural en La Gomera es muy numerosa y se encuentra repartida por toda la isla, por lo que en este capítulo, y limitados por el espacio, nos vemos obligados a dar sólo una somera descripción de las seleccionadas. La mayoría de las casas son viviendas tradicionales rehabilitadas, algunas de ellas situadas en pleno campo, y otras, en el casco urbano. Todas se alquilan enteras.

En Hermigua se encuentra el Centro de Iniciativas y Turismo Rural que actúa como Central de reservas, tanto de casas como de hoteles rurales y apartamentos. Allí nos pueden buscar la solución a cada caso. Tel. 922 14 41 01.

AGULO

• Casa Dávila

Está situada en el barrio de Lepe en Agulo. A la vivienda se accede por un típico patio interior y consta de una habitación, salón-comedor, cocina con balcón, cuarto de baño y terraza con jardín y huerto. El suelo y el techo son de madera de tea; la vivienda disfruta de buenas vistas y la decoración está muy cuidada.

• Casa Los Delfines

Se encuentra en el mismo barrio que la anterior y tiene una habitación, salón-comedor con sofá convertible, cocina, cuarto de baño, terraza, jardín y huerto. La distribución interior es tipo dúplex.

• Casa Palmita

Está en el barrio de La Palmita en el municipio de Agulo. Se trata de una casa aislada que utilizaban los propietarios para pasar las vacaciones. Tiene dos habitaciones, salón-comedor con chimenea, cocina, cuarto de baño y jardín. Su interior es amplio con una decoración muy típica a base de objetos artesanales (alfarería, madera, penca, etc.).

• Casa Cruz de Tierno

Es una vivienda aislada que está en el caserío de Cruz de Tierno. Antiguamente era una bodega y su interior está muy cuidado, con el techo de madera. Tiene una habitación, salón-comedor-cocina con chimenea, cuarto de baño, terraza con barbacoa y huerto con árboles frutales. Frente a ésta se encuentra otra casa del mismo propietario que comparte la terraza y con algo más de capacidad.

BENCHIJIGUA

• Casa Benchijigua I

Este caserío, situado en el interior de la isla encima de Playa de Santiago, cuando quedó totalmente deshabitado en los años 80, fue comprado íntegramente por la compañía Fred Olsen, que empezó la rehabilitación de las viviendas.

Ésta concretamente consta de una habitación, salón-comedor, cocina, cuarto de baño, galería cerrada y jardín. En el mismo lugar hay otras dos casas con distinta capacidad.

EL CEDRO

• Casa Los Castaños

En el lugar denominado El Cedro, un caserío disperso dentro del Parque Nacional de Garajonay, se encuentra esta casa tradicional canaria rodeada de bosque, compuesta por una gran cocina-comedor con estufa de leña, una habitación y un cuarto de baño.

• Casa Los Laureles

Situada cerca de la anterior, esta casa de arquitectura tradicional dispone de cocina-comedor con estufa de leña, cuarto de baño y dos habitaciones, una de ellas con literas. Se llega hasta ella por un sendero, en cinco minutos.

• La Era

Situada junto a las anteriores, se trata de una vivienda parecida con comedor-cocina, cuarto de baño y una habitación.

HERMIGUA

• Los Telares

En la entrada del pueblo de Hermigua se encuentra este conjunto de 22 apartamentos, sencillos pero situados en un lugar acogedor, con capacidades de entre 2 y 4 personas, todos con su pequeña cocina y cuarto de baño. El conjunto cuenta, además, con un salón con chimenea, piscina, restaurante y museo etnográfico.

• Casa La Punta

Se encuentra en la zona de La Punta, cerca la playa de la Caleta, hasta donde se baja por un sendero.

Esta casa ocupa la última planta de una casa familiar que se dividió en tres viviendas y tiene entrada independiente. Consta de una habitación, salón-comedor, cocina, cuarto de baño y terraza con buenas vistas. Las otras dos viviendas tienen parecidas características.

• Casa El Silbo

Está dentro de una finca de plátanos en la zona denominada La Castellana. Fue originariamente una sola vivienda que, al rehabilitarla, se ha convertido en tres inmuebles. Dos de ellos constan de una habitación, salón-comedor con sofá convertible, cocina y cuarto de baño, mientras que el otro es algo mayor. Tienen como zonas comunes la terraza y el jardín.

• Casa La Cuadra

Se encuentra en el barrio del Palmarejo y se trata de una vivienda aislada que antiguamente fue cuadra para el ganado. Consta de una habitación, salón-comedor, cocina, cuarto de baño y terraza. El mobiliario es de estilo rústico y antiguo.

• **Casa Pajaritos**

Se trata de una casa de dos pisos; en la planta baja están la cocina y la zona de ocio, mientras que las dos habitaciones están en el piso superior. En el exterior se encuentran una zona cubierta con barbacoa y un amplio jardín. Es una vivienda aislada en el barrio de San Pedro en plena naturaleza.

• **Casa El Fraile I y II**

Está en el barrio de El Convento dentro del casco urbano de Hermigua y tiene dos plantas. El Fraile II, situado en la planta alta, consta de dos habitaciones, salón, comedor, cocina, cuarto de baño, patio interior y una terraza, mientras que El Fraile I, que ocupa la planta baja, tiene una sola habitación.

VALLEHERMOSO

• **Casa Barranco I**

En el barrio de Los Chapines se encuentra esta vivienda aislada, de estructura curiosa ya que el muro trasero lo forma directamente la montaña. Se rehabilitó siguiendo el estilo tradicional y los muebles son rústicos de madera.

Tiene una habitación, salón, cocina-comedor, cuarto de baño, una terraza y un huerto. Frente a esta casa se encuentra otra llamada Barranco II, dedicada también al turismo rural y con la misma capacidad.

• **Casa Los Chapines**

Como la anterior, está en el barrio de Los Chapines; la casa es pequeña pero acogedora, en la que predominan la madera y los muebles de estilo rústico. Consta de una habitación, salón, cocina-comedor, cuarto de baño y terraza.

• **Casa El Palmar**

En el barrio de El Palmar, la rehabilitación de este caserón antiguo no ha modificado en absoluto los techos y suelos de madera.

Hay tres habitaciones, dos de ellas individuales, todas muy grandes, comedor, dos cocinas, una mayor con horno de gas y otra más pequeña con el de leña, cuarto de baño y patio interior. Las ventanas se han mantenido como eran originariamente, sin cristal y cerradas con un postigo de madera.

HOTELES SINGULARES

La oferta hotelera más amplia en La Gomera es la que corresponde a los apartamentos, que mayoritariamente se concentran en Valle Gran Rey y Playa de Santiago, los dos centros turísticos de la isla. Entre nuestros destacados incluimos dos hoteles de esta zona y otros dos rurales situados en el interior, además del Parador de Turismo.

• **Hotel Gran Rey**

Situado en Valle Gran Rey en primera línea de mar, sus 99 habitaciones repartidas en dos pisos tienen terraza, cuarto de baño, aire acondicionado, televisión, teléfono y mini-bar. En este hotel de tres estrellas, además, hay confortables salones, restaurante, terrazas y piscina.

DIRECCIÓN
Hotel Gran Rey
Valle Gran Rey - Tel. 922 80 58 59

• Hotel Jardín Tecina

Se trata de un complejo turístico de cuatro estrellas ubicado sobre el acantilado que domina Playa de Santiago. El tipo de construcción típicamente canaria y los jardines que rodean las estancias hacen del lugar un sitio sumamente agradable a pesar de las 434 habitaciones, todas dotadas con aire acondicionado, hilo musical, teléfono, minibar, terraza o balcón y, por supuesto, cuarto de baño. Además, hay pistas de tenis, cinco piscinas, cuatro restaurantes, diversos bares, gimnasio, sauna, discoteca, galerías comerciales y todo lo que usted espera encontrar en este poblado distribuido en 70.000 m^2.

DIRECCIÓN

Hotel Jardín Tecina
Playa de Santiago - Tel. 922 14 58 50

• Hotel Ibo Alfaro

Situado en la parte alta del pueblo de Hermigua, del conjunto de varias casas ha nacido este pequeño hotel rural que cuenta, además de con una acogedora decoración, con 17 habitaciones, todas con baño, y un restaurante donde sirven desayunos y cenas a los clientes sólo en determinadas épocas y días de la semana.

DIRECCIÓN

Hotel Ibo Alfaro
Hermigua - Tel. 922 88 01 68

• Hotel de Triana

En el casco urbano de Vallehermoso se encuentra este hotel rural de dos estrellas, mezcla de casa canaria con su patio interior y decoración moderna. Alrededor del patio se reparten las 12 habitaciones, todas con baño, teléfono, televisión y nevera, tres de ellas son dúplex y dos se comunican a través de un salón-comedor.

DIRECCIÓN

Hotel de Triana
Vallehermoso - Tel. 922 80 05 28

• Parador de La Gomera

Este hotel de cuatro estrellas es un precioso edificio situado como una balconada sobre el mar. Sus formas arquitectónicas, con sus patios interiores y jardines, responden a las casas más nobles mezcla de estilo castellano y canario. Tiene 56 habitaciones dobles y un par de suites, con todo tipo de servicios. Además hay restaurante donde degustar buenas especialidades de la cocina canaria, diversos salones y piscina descubierta con vistas al acantilado. Los jardines que rodean el edificio, sus terrazas y el sonido del mar son la mejor compañía para pasar unos días perdido en este pequeño paraíso.

DIRECCIÓN

Parador de La Gomera
San Sebastián de La Gomera - Tel. 922 87 11 00

Valle Gran Rey.

PARQUE NACIONAL DE GARAJONAY

Si la historia de Gara y Jonay es realmente enternecedora, el parque nacional que recibe su nombre y se extiende en una superficie de 3.984 Ha por el centro de la isla es de una belleza increíble. Su bosque de laurisilva, constituido por árboles semejantes al laurel, con hojas siempre verdes que se alimentan constantemente con las nieblas que invaden la parte más alta de la isla, es una reliquia del pasado declarada actualmente Patrimonio de la Humanidad.

Hace 5 millones de años, en la era terciaria, los bosques laurifolios estaban distribuidos por casi todo el mundo, incluidos el Sur de Europa y el Norte de África, que contaban con climas cálidos y húmedos. Las glaciaciones posteriores de la era cuaternaria acabaron con este tipo de vegetación, que sólo subsiste aquí por sus especiales condiciones climáticas y en algunos lugares de Madeira y Azores.

Más de 20 especies distintas de árboles, 18 de helechos y 120 clases de herbáceas y arbustos conforman este espacio natural cubierto gran parte del año por un mar de nieblas, que ocupa algo más del 10 % de la superficie de la isla. Estas nubes se forman en la parte superior de la capa húmeda de los vientos alisios, por debajo de los 2.000 m de altitud y son las que suministran el agua necesaria para mantener el verdor de esta selva; a este fenómeno se le conoce como lluvia horizontal.

Además de numerosos endemismos, este parque guarda una bella historia de amor. La leyenda cuenta como Gara, princesa de Agulo, se enamoró de Jonay, hijo del mencey tinerfeño de Adeje. La relación no fue bien vista ya que ella, que provenía del lugar del agua, no podía unirse a Jonay, que era de la isla del fuego. Aunque él, provisto de unas vejigas de animales hinchadas a modo de neumáticos, cruzó a nado el espacio que separa las dos islas (Adeje y Agulo están frente a frente), los gomeros persiguieron a la pareja, que se refugió en lo más alto de la isla. Viendo que los iban a separar de nuevo, cogieron una rama de brezo, la afilaron por los dos extremos y, colocándola entre sus cuerpos, se fundieron en un abrazo mortal.

Para recorrer el parque existen varias rutas a pie y un itinerario que se puede realizar en coche. Si tomamos la carretera que va de San Sebastián de la Gomera a Hermigua, cerca de esta última población encontraremos un desvío señalizado con el nombre de Montaña del Cedro; por esta carretera en un par de kilómetros entraremos dentro de los límites del parque y diversos miradores nos harán disfrutar del paisaje. Llaman la atención unas plantas verdes que aparecen en los taludes de la carretera que buscan las zonas húmedas; son las *aeonium*, también llamadas flor de los riscos.

LUGARES DE INTERÉS

Desde la conquista de la isla, **San Sebastián de la Gomera** ha ostentado su capitalidad. Su arteria principal aún conserva algunas casas cuyos balcones y ventanas recuerdan las influencias castellana y portuguesa. Allí encontraremos Casa Colón, convertida en museo, con una importante colección arqueológica norperuana; Casa de la Aguada, sede de la oficina de turismo, con el pozo donde Colón se aprovisionó de agua en su viaje hacia América; la pequeña ermita de San Sebastián, de las primeras en levantarse en la villa; y la iglesia de la Asunción, en el estilo denominado gótico atlántico, con elementos mudéjares en techumbres y artesonados; en su interior, además de diversos retablos con una clara influencia del arte colonial, alberga una interesante colección artística de obras de los siglos XVI al XIX, donde sobresale un Cristo crucificado de Luján Pérez.

Al cabo de 6 km sale por la derecha una pista de tierra con la indicación El Cedro (si siguiéramos por la carretera, enseguida saldríamos a la general que discurre por el otro lado de la isla). El camino es apto para todo tipo de vehículos y empezaremos a adentrarnos en el bosque disfrutando con toda plenitud de su vegetación. A 1,5 km de distancia llegaremos a una bifurcación; por la derecha pronto estaremos en las diseminadas casas de El Cedro (tres de ellas dedicadas al turismo rural); en este entorno también se encuentran el albergue de Hermigua y un par de restaurantes, ambos recomendables para disfrutar de la cocina casera, aunque nosotros nos quedamos con Casa Prudencio.

Para continuar la ruta tenemos que volver a la bifurcación anterior y seguir en dirección al arroyo del Cedro al que llegaremos al cabo de 1,6 km. Aquí termina el camino que viene de El Contadero y, si seguimos por la pista, en 6,5 km más desembocaremos en una carretera que nos llevará por la izquierda hasta la general (para los que deseen realizar el itinerario en sentido inverso, en el cruce anterior hay un indicador que señala El Cedro). Estamos en Los Aceviños y en 3 km más llegaremos al Centro de Visitantes del Parque Nacional denominado Juego de Bolas; allí podremos ver una proyección, diversos paneles explicativos y un pequeño museo del mundo rural; además hay un jardín con cactus y plantas autóctonos y diversas tiendas de artesanía. (Horario: de 9:30 h a 16:30 h, todos los días menos el lunes, que permanece cerrado. Tel. 922 80 09 93.)

Desde este centro se organizan rutas guiadas de carácter gratuito los miércoles y los sábados, en las que se puede participar previa reserva. Hay numerosos itinerarios señalizados, además del mencionado, que va del Contadero a El Cedro, como el que sube al alto de Garajonay, yendo de Pajarito a Laguna Grande o el de la ermita de Nuestra Señora de Lourdes a El Cedro y la presa de Los Tiles. Tres líneas de autobuses (guaguas) recorren la isla con lo que es posible regresar con ellos al punto de partida. En las oficinas de turismo encontrará un mapa denominado «Caminos de La Gomera», que contiene toda la información necesaria, incluidos los horarios de autobuses.

Casas típicas en la capital.

En medio de un jardín se conserva la Torre del Conde, única muestra de arquitectura militar, que se concibió más para la conquista interior de la isla, que para repeler los posteriores ataques de corsarios ingleses y holandeses, además de piratas berberiscos. Pero si son interesantes sus monumentos, más lo es descansar en el kiosco de la plaza y, bajo los imponentes laureles de indias, percibir el pulso de la población. Aquí es donde se celebra el tradicional mercadillo los miércoles y sábados.

Los aficionados al baño encontrarán, justo debajo del acantilado donde se levanta el Parador de Turismo, la playa de la Cueva de arena negra; la carretera continúa hacia Puntallana pasando junto a un viejo molino y ya por pista de tierra llega hasta la playa de Avalos, un verdadero refugio de tranquilidad, y más adelante, la playa del Cangrejo, antes de Puntallana.

Cuando lleguemos a **Hermigua** vale la pena visitar el museo etnográfico y centro artesanal de Los Telares, creado por Maruca Gómez en 1974. Actualmente, este centro, ubicado en una bonita casa entre apartamentos de la misma propiedad, se está trasladando junto a un restaurante que se encuentra algo más abajo.

Agulo, con sus tres núcleos de población diferenciados (La Montañeta, Las Casas y El Charco), es una población de cuidado aspecto con calles estrechas y empedradas. Los cultivos de plataneras rodean las antiguas casas de teja, levantadas por los primeros colonos a principios del siglo XVII.

Plaza de San Sebastián de la Gomera.

GASTRONOMÍA

La miel de palma es uno de los productos autóctonos de la isla, que se obtiene de un determinado tipo de palmeras (phoenix canariensis). El proceso que se sigue para extraer el *guarapo* (la savia de la palmera) comienza por podar las hojas de cogollo. Para ello, un hombre sube hasta lo alto del árbol y rebaja el cogollo hasta que rezuma la savia, que por una canaleta se recoge en un cubo. Cada día hay que raspar esta herida para que no cicatrice, a la vez que en el tronco de la palmera se colocan unos aros circulares para que no suban roedores.

El *guarapo* se hierve eliminando así la parte del agua con el fin de obtener la miel de palma (para obtener 1 l de miel de palma se necesitan unos 5 l de *guarapo*). La miel, mezclada con aguardiente, que se denomina aquí parra, da lugar al *gomerón*, un licor que se toma en toda la isla.

Otro producto típicamente gomero, aunque también se puede encontrar en otras islas, es el *almogrote*, pasta hecha con queso curado de cabra (véase receta al principio del libro).

Como restaurantes recomendados tenemos **Casa Luis** en Las Rozas, cerca de Agulo, Tel. 922 80 10 16; su especialidad es la carne de cabra aunque también la tortilla de berros y cebolla. Otro plato que se recomienda probar son los *chicharros*, compuesto por costilla, pescado salado y batata. Cerca de aquí, en pleno parque nacional, en **Casa Prudencio** situada en Los Cedros, Tel. 922 88 01 41, no debemos dejar de probar el potaje de berros, el puchero y las arepas que cocina la señora Asunción; para digerir todo esto no hay que olvidar el «montañero» licor secreto de la casa.

En Hermigua, **El Silbo**, Tel. 922 88 03 04, es un lugar más que recomendable, lo mismo que la pensión **Piloto**, Tel. 922 14 41 20, situada en la playa de Santa Catalina y el restaurante **Las Chácaras**, Tel. 922 88 10 39, ambos también en Hermigua. En el cercano pueblo de Agulo nuestro recomendado es el bodegón **Roque Blanco**, Tel. 922 80 04 83, y en Vallehermoso, el restaurante **Amaya**, que también es pensión, Tel. 922 80 00 73; ambos están especializados en comida típica. Si vamos hacia Valle Gran Rey, vale la pena hacer una parada en el restaurante **La Montañeta**, en Las Hayas, también conocido como Casa Efigenia; allí podemos comer un tradicional puchero con papas, zanahorias, calabaza, piña de maíz, garbanzos y col.

Hemos dejado para el final los dos mejores y más sofisticados restaurantes. En el **Mirador César Manrique**, Tel. 922 80 58 68, los alumnos de la Escuela de Hostelería de Canarias nos pueden ofrecer canelones de atún escabechado, pargo asado sobre salsa de berros, peto (pescado) al horno con ajos y puré de higos, chuletitas de conejo al oporto y, de postre, un semifrío de plátano en salsa de chocolate. El otro es el **Parador de Turismo**, Tel. 922 87 11 00, situado en San Sebastián de la Gomera; de todos es sabido el esfuerzo de esta red de establecimientos para recuperar la cocina local, circunstancia que aquí se consigue sobradamente con unos entrantes compuestos por diez especialidades, la cazuela de pescados o, si lo prefiere, los lomos de conejo rellenos, entre otras delicias.

Extrayendo el guarapo.

TURISMO ACTIVO

• Excursiones marítimas

Varias empresas ofrecen excursiones por mar para deleitarse con los espectaculares acantilados o para intentar la observación de delfines y ballenas.

Luz Mar. Tel. 610 05 18 49 (San Sebastián de La Gomera)
Siron. Tels. 922 80 54 80 - 922 80 55 37 (Valle Gran Rey)
Club de Mar Valle Gran Rey. Tels. 922 80 57 59 - 922 80 56 78 (Valle Gran Rey)
Tina Tercera. Tel. 922 80 56 99 (Valle Gran Rey)
Catamarán Estela III. Tels. 610 73 20 44 - 607 78 81 46 (San Sebastián de La Gomera)

• Submarinismo

A pesar de que los acantilados de la isla no dejan de ser sorprendentes, como el de Los Órganos, con buena parte de su estructura sumergida que da lugar a atractivos fondos marinos, el submarinismo no se encuentra demasiado desarrollado en La Gomera, y cuenta sólo con un par de empresas, ambas en manos de alemanes.

Para accidentes de descompresión, por su proximidad se debe utilizar la cámara hiperbárica situada en la isla de Tenerife (véase el capítulo correspondiente)

Die Kleine Tauchschule. Tels. 922 14 11 35 - 639 98 90 89
(San Sebastián de la Gomera)
Fisch and Co. Tels. 922 80 56 88 - 922 80 57 92 (Valle Gran Rey)

• Senderismo, BTT, escalada, descenso de barrancos

Ya hemos comentado en el apartado dedicado al Parque Nacional de Garajonay las innumerables rutas para realizar a pie que hay en la isla. **Verode Senderismo** es una empresa de actividades en la naturaleza creada por habitantes de la isla, que le ayudará a descubrir todos los rincones con interesantes excursiones a pie. Ellos también proponen una variada oferta de actividades, que van del barranquismo a las rutas en bicicleta, pasando por la escalada.

Verode Senderismo. Tel. 922 80 40 88 (Vallehermoso)

Mirador Degollada de Peraza.

Arriba, playa de Alojera; abajo, puerto de Vueltas en Valle Gran Rey.

Fuencaliente desde el pinar de Cumbre Vieja.

La isla de La Palma, la más noroccidental del archipiélago canario, tiene una forma ovalada con una superficie de 706 km^2 y una población que ronda los 80.000 habitantes. La mitad Norte la ocupa en buena parte la Caldera de Taburiente, mientras que una sucesión de conos volcánicos forman la espina dorsal de la isla. Cumbre Nueva y Cumbre Vieja, con unas alturas cercanas a los 2.000 m, son el lugar ideal para realizar excursiones a pie. Desde el refugio de El Pilar, hacia el Norte, se llega hasta Reventón (1.435 m) siguiendo el cordal de Cumbre Nueva, pudiendo continuar luego hacia Punta de los Roques, pico de las Nieves, terminando en Roque de los Muchachos, por un recorrido de unos 35 km (entre 9 h y 10 h) que bordea la mayor parte de la Caldera. Desde el mismo punto de partida pero en dirección Sur, por la llamada ruta de los volcanes que cruza la llamada Cumbre Vieja, pasaremos junto al Pico Birigoyo, Duraznero y El Charco entre otros cráteres que se mantienen alrededor de los 1.800 m, terminando en Fuencaliente.

La costa del Norte es más escarpada y dar la vuelta por esta parte de la isla es afrontar una sucesión de curvas que van bordeando los distintos barrancos. La carretera nos llevará desde la capital, Santa Cruz de la Palma, hasta Los Llanos de Aridane por un itinerario sinuoso, desde el que se desciende hasta algunos de los pueblecitos que se asientan en el borde del acantilado. Uno de ellos es El Tablado hasta el que se llega después de 6,5 km de fuerte pendiente y cerradas curvas; un intenso aroma de azahar invade la atmósfera de este pueblecito de aire romántico, donde Antonio Gala hizo vivir una de sus historias amorosas. De todas maneras, si queremos ir de la capital hasta Los Llanos de forma más directa, podemos tomar la TF-812 que cruza la isla por el túnel de La Cumbre y en algo más de 30 km nos sitúa en una de las zonas turísticas con algunas playas. Puerto Naos se ha volcado al turismo de sol y playa; Los Llanos, por su proximidad, ha crecido en demasía; y el puerto de Tazacorte parece que puede seguir el mismo camino. Actualmente, las plataneras, que cultivadas en terrazas llegan casi hasta el mar, visten de verdor los barrancos de esta parte de la isla.

Por el Sur, otra carretera rodea la isla pasando por Fuencaliente, la localidad más septentrional, donde se produce un excelente vino. Allí también se puede dar un paseo en camello por el volcán de San Antonio y disfrutar de este excelente paisaje. Se da la circunstancia de que aquí se produjo la última erupción volcánica de Canarias el 26 de octubre del año 1971. Por estas fechas surgió el volcán de Teneguía, que estuvo vomitando lava durante más de veinte días, con lo que la isla creció unos 10 km^2 hacia el Sur. Fue todo un espectáculo que no ha vuelto a repetirse.

Los Quemados.

Itinerario 1

Santa Cruz de la Palma - Roque de los Muchachos - Hoya Grande

Uno no debe dejar la isla de La Palma sin haber subido hasta Roque de los Muchachos y admirar desde allí la Caldera de Taburiente, declarada parque nacional. Se trata de un ascenso cómodo ya que hasta los 2.426 m del Roque llega la carretera asfaltada; eso sí con innumerables curvas que se verán recompensadas con una espléndida panorámica.

Aunque el recorrido se puede hacer en cualquiera de los dos sentidos, lo explicaremos partiendo de **Santa Cruz de la Palma**, capital de la isla. Para ello tomaremos la LP-830 en dirección a Puntallana y a un par de kilómetros de Santa Cruz encontraremos el desvío a la izquierda con la indicación de Observatorio Astrofísico Roque de los Muchachos. Al cabo de 2,5 km, justo donde se encuentra la iglesia de la Virgen de la Candelaria, por la derecha la LP-22 empieza a subir monte arriba.

El desnivel que tenemos que superar es considerable; en 39 km pasaremos del nivel del mar a 2.426 m. Enseguida hace su aparición un precioso bosque de pino canario que se mantendrá hasta los 1.800 m de altitud. Después de 20 km de curvas llegaremos a la zona recreativa **Fuente de Olen**, muy bien acondicionada, y 2,6 km más adelante sale por la izquierda el camino que nos llevará hasta el pico de las Nieves que, con sus 2.230 m, es una de las elevaciones que forma la corona del cráter.

Después de 0,7 km aparece por la derecha una pista señalizada para ir hasta

Observatorio astrofísico del Roque de los Muchachos.

Puntallana, sólo apta para vehículos todo terreno. Entramos en el Parque Natural de las Nieves y si es pleno invierno la nieve ya puede haber hecho su aparición. Por ser una carretera de montaña, aunque se mantiene abierta para dar servicio al observatorio, son frecuentes los desprendimientos de piedras en mitad de la calzada por lo que debemos circular con precaución.

En unos 5 km más habremos llegado a la parte más alta; el arbolado ha desaparecido y ahora vamos rodeando la caldera por la parte de arriba. Ni que decir tiene que la vista es impresionante, normalmente por encima de un mar de nubes; desde la **Degollada de los Franceses** divisamos el interior de la caldera, con los roques escondiéndose entre la niebla. Finalmente, llegaremos al desvío que conduce al Observatorio Astrofísico; aún se pueden subir 3,5 km más hasta el punto más alto, entre las instalaciones que parecen sacadas de una película futurista. A medio camino encontramos el arranque del sendero hacia la Torre del Time (véase Ruta 2).

Para bajar hasta la carretera general gozaremos del mismo paisaje que a la subida; serán 12 km en los que curva tras curva iremos avanzando entre un bosque de pinos y, al llegar a la carretera, en el lugar conocido como **Hoya Grande**, si vamos a la izquierda nos dirigiremos a Puntagorda y Los Llanos de Aridane, mientras que si tomamos la dirección contraria podemos ir a Santo Domingo (Garafía) o regresar a Santa Cruz de la Palma.

Itinerario 2

Llanos de los Jables - Fuencaliente

Con este itinerario recorreremos la mitad de la isla por su vertiente suroccidental, rodeando la llamada Cumbre Vieja, dorsal Sur de la isla, antagónica a la Cumbre Nueva que le sigue hacia el Norte.

El camino, apto para todo tipo de vehículos, discurre a media ladera de la montaña, atravesando un bosque de pino canario cuyo verde contrasta con el negro de las cenizas volcánicas. El punto de partida se encuentra en los **Llanos de los Jables**, lugar situado en la carretera que va de Breña Baja hasta la TF-812 (Santa Cruz - Los Llanos), a 1,7 km del refugio del Pilar.

La pista está señalizada con la dirección «Fuencaliente-El Paso» y 4,2 km después de una amplia doble curva, dejamos a la derecha el desvío que baja a Jedey. Inmediatamente pasamos junto a la **Hoya de la Sima** y nos sale otro desvío al pueblo anterior; avanzamos entre un paisaje impresionante y cuando el bosque clarea divisamos la costa más abajo. A 9,2 km de haber empezado el recorrido sale a la derecha una pista hacia Mendo y la ermita de Santa Cecilia, a través de una lengua de lava; 0,5 km más adelante desembocaremos en otra pista donde seguiremos a la derecha y continuaremos por la pista principal; 4,5 km después vamos a parar a una nueva pista sin salida, pero que permite llegar cerca de la montaña de Fuego, uno de los múltiples conos volcánicos que componen el cordal de la isla.

Continuamos en dirección a Fuencaliente (hay señalizaciones) y a 2,3 km de distancia se presenta otra bifurcación; si continuamos por la izquierda daremos la vuelta a la isla por la otra vertiente (véase Itinerario 3); en cambio, si seguimos por la derecha, en 5 km llegaremos a **Fuencaliente** siguiendo las indicaciones.

Planta adaptada al suelo volcánico.

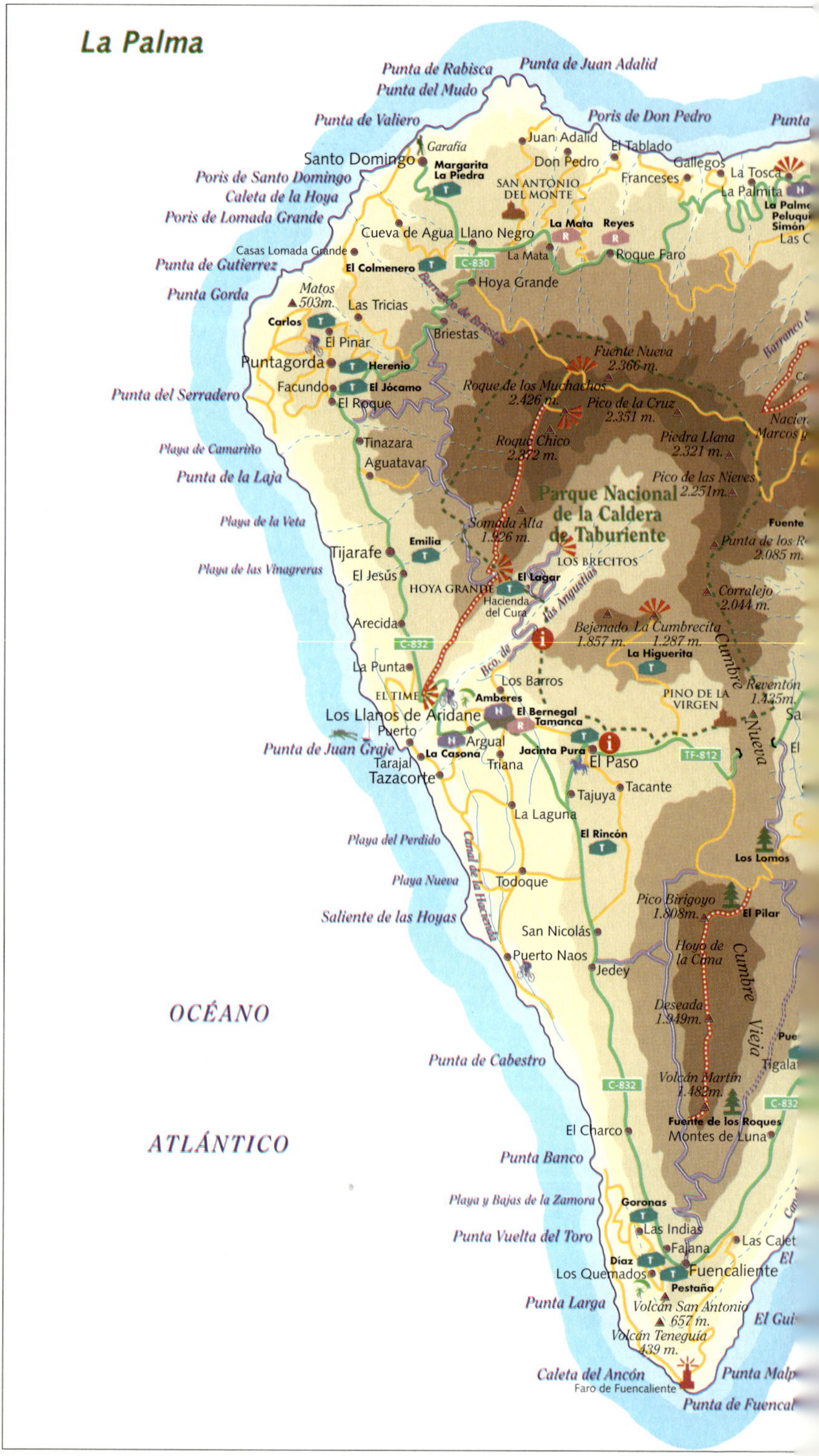
La Palma
Punta de Rabisca
Punta del Mudo
Punta de Juan Adalid
Punta de Valiero
Poris de Don Pedro
Santo Domingo
Garafía
Margarita La Piedra
Juan Adalid
Don Pedro
El Tablado
Gallegos
Franceses
La Tosca
La Palmita
San Antonio del Monte
Poris de Santo Domingo
Caleta de la Hoya
Poris de Lomada Grande
Cueva de Agua
Llano Negro
La Mata
Reyes
Roque Faro
Casas Lomada Grande
El Colmenero
C-830
Hoya Grande
Punta de Gutierrez
Punta Gorda
Matos 503m.
Las Tricias
Barranco de Briestas
Briestas
Carlos
El Pinar
Puntagorda
Herenio
Facundo
El Jócamo
El Roque
Punta del Serradero
Fuente Nueva 2.366 m.
Roque de los Muchachos 2.426 m.
Pico de la Cruz 2.351 m.
Roque Chico 2.372 m.
Piedra Llana 2.321 m.
Pico de las Nieves 2.251m.
Playa de Camariño
Tinazara
Aguatavar
Punta de la Laja
Parque Nacional de la Caldera de Taburiente
Playa de la Veta
Somada Alta 1.926 m.
Emilia
Tijarafe
Los Brecitos
Playa de las Vinagreras
El Jesús
Hoya Grande
El Lagar
Hacienda del Cura
Bco. de las Angustias
Punta de los R 2.085 m.
Fuente
Corralejo 2.044 m.
Arecida
Bejenado 1.857 m.
La Cumbrecita 1.287 m.
C-832
La Higuerita
La Punta
Los Barros
El Time
Amberes
Pino de la Virgen
Reventón 1.435m.
Los Llanos de Aridane
El Bernegal
Tamanca
Cumbre Nueva
Puerto
Argual
Punta de Juan Graje
La Casona
Jacinta Pura
Tarajal
Triana
El Paso
TF-812
Tazacorte
Tacante
Tajuya
La Laguna
El Rincón
Los Lomos
Playa del Perdido
Canal de la Hacienda
Playa Nueva
Todoque
Pico Birigoyo 1.808m.
El Pilar
Saliente de las Hoyas
San Nicolás
Hoyo de la Cima
Puerto Naos
Jedey
Cumbre Vieja
Deseada 1.949m.
OCÉANO
ATLÁNTICO
Punta de Cabestro
Volcán Martín 1.482m.
Tigalate
C-832
El Charco
Fuente de los Roques
Montes de Luna
Punta Banco
Playa y Bajas de la Zamora
Goronas
Las Indias
Punta Vuelta del Toro
Fajana
Las Caletas
Díaz
Los Quemados
Fuencaliente
Pestaña
Punta Larga
Volcán San Antonio 657 m.
Volcán Teneguía 439 m.
Caleta del Ancón
Faro de Fuencaliente
Punta de Fuencal
Punta Malp
Punta
La Palma Peluqui Simón
Las C
Barranco d
Nacien
Marcos y
El Gui
El
Sa
Pue

Itinerario 3
Fuencaliente - Mazo o túnel de la Cumbre

Este itinerario, que puede ser continuación del anterior, recorre toda la ladera oriental de Cumbre Vieja, cruzando el bosque de pino canario desde Fuencaliente hasta Mazo, con la opción de continuar hasta la TF-812, saliendo a la entrada del túnel de la Cumbre. Por la altura a la que discurre la pista, disfrutaremos de unas impresionantes panorámicas en picado de esta parte de la costa, donde el verde del pino se funde con la inmensidad del Atlántico. Lástima que un incendio dañó el verano del 98 buena parte del arbolado; de todas formas el pino canario es una de las pocas especies que sobreviven al fuego y al cabo de unos años termina brotando de nuevo.

Partiremos de **Fuencaliente**, localidad situada en el Sur de la isla, donde no debemos perdernos un paseo por los volcanes de San Antonio y de Teneguía (hay senderos señalizados). Para ir a buscar el inicio de la pista, nos situamos en la carretera general, justo antes de la gasolinera viniendo de Santa Cruz, y tomamos la calle de la derecha (hay un árbol en medio) y a 0,3 km giraremos a la izquierda frente a la casa forestal; enseguida el camino asfaltado deja paso a una pista de tierra y, en la bifurcación, iremos a la izquierda en dirección a Pinar los Faros. Al kilómetro de haber emprendido el camino dejaremos el campo de fútbol a la izquierda y en la bifurcación iremos a la derecha dirección Llano de los Cestos.

Seguimos la pista principal entre un pinar cada vez más frondoso y 2,8 km después tomamos el camino de la izquierda penetrando en el Parque Natural Cumbre Vieja. A 2,2 km de este punto llegaremos a otra bifurcación; estamos en el Llano de los Cestos y por el camino que sigue de frente transcurre el Itinerario 2. Para seguir esta ruta, giraremos a la derecha, llegando en 0,7 km al desvío que va a la Montaña del Pino. Continuamos de frente desembocando 0,7 km más adelante en otra pista, donde encontramos la indicación de zona recreativa **Fuente del Roque**, a la que llegaremos después de 1,4 km.

Vamos a penetrar en el **Malpaís Martín** y el camino empeora; el bosque deja paso a un paisaje de lava requemada que nos acompañará durante un kilómetro aproximadamente. Los pinos vuelven a hacer su aparición, pero esta vez ennegrecidos por el último incendio; la pista va elevándose suavemente ofreciéndonos interesantes perspectivas de la costa.

Paulatinamente empezamos a descender y el verdor reaparece; a 10 km de la fuente del Roque llegamos a una bifurcación. Ahora se nos presentan dos opciones: una que llamaremos variante A que consistirá en bajar a la localidad de Mazo y la otra –variante B– que nos llevará hasta el túnel de la Cumbre.

• Variante A

Si tomamos la pista de la derecha siguiendo la señalización al Roque, rodearemos el llamado Roque Niquiomo, de 1.345 m, y si seguimos la pista principal durante 6 km, nos llevará hasta una carretera sin salida. A la derecha, en 3,6 km dejaremos a la izquierda el camino asfaltado a Las Toscas (un poco antes ha partido por el lado contrario la pista que va al mirador de Las Toscas) y en 0,4 km estaremos en la carretera general (para los que deseen emprender la ruta al revés, hay un indicador de fábrica P.I.R.S.). Por la izquierda, en menos de 1 km estaremos en la localidad de **Mazo**.

• Variante B

Si en la bifurcación anterior continuamos recto, en 3,3 km habremos llegado a la carretera que sube de Breña Baja hacia el mirador del Pilar (hay un indicador hacia El Cabrito para los que deseen hacer el itinerario en sentido contrario). Vamos a la derecha durante 2,4 km y sale por la izquierda la pista señalizada a Los Lomos; enseguida llegaremos a una área recreativa perfectamente acondicionada con mesas y barbacoas.

La pista prosigue a media ladera rodeada de espectacular vegetación, hasta que a 8 km va a parar al P.K.-18 de la carretera TF-812 (Santa Cruz - Los Llanos), justo en la entrada del **túnel de la Cumbre**. Si miramos el mapa nos daremos cuenta de que si empalmamos los Itinerarios 2 y 3, habremos dado casi la vuelta a la mitad Sur de la isla rodeando la cadena volcánica Cumbre Vieja, ya que el punto final está a menos de 6 km del inicio.

Rebaño de cabras pastando en la ladera de Cumbre Vieja.

RUTA 1 : LOS NACIENTES DE MARCOS Y CORDERO

• La lucha por el agua

Los canarios, sobre todo en las islas occidentales, han luchado casi desesperadamente por conseguir este preciado líquido que es el agua.

Con la vuelta a principios de siglo de los primeros emigrantes que fueron hacia América, se emprendió en la isla el cultivo de la caña de azúcar, las plataneras y en algunas zonas el tomate; para ello el agua era un elemento necesario y se canalizaron las primeras fuentes. Con el capital que vino sobre todo de Cuba y Venezuela, se empezaron a instalar tuberías hasta las zonas de cultivo; cada cual según el dinero invertido poseía un número de acciones y por lo tanto tenía derecho a una determinada cantidad de agua. Hacia mitad de siglo se hizo necesario perforar galerías para ir a buscar el agua en lo más hondo y aún hoy en día pervive esta práctica sobre todo en islas como La Palma y Tenerife.

Esto, que puede plantear un grave problema para los acuíferos, sobre todo con la incorporación de la industria turística, pone sobre el tapete otro hecho diferencial respecto a otros lugares de España, donde la mayoría de los manantiales de agua no son de propiedad privada y se consideran un bien público. En Canarias cada fuente y galería tienen nombre y apellidos y para su canalización y explotación se emplearon muchos esfuerzos, sacrificios y sobre todo dinero privado.

• El sendero de La Canal-Nacientes de Marcos y Corderos-Los Tilos (por NorOeste, actividades y naturaleza)

Los barrancos del noreste de la Isla de La Palma se caracterizan por su recorrido y su pronunciado encajonamiento. Por lo general, sus cabeceras están constituidas por cuencas calderiformes que convergen en un cauce común, normalmente estrecho y profundo en su tramo medio.

Los barrancos de Marcos y Corderos acaban confluyendo, dando origen al impresionante barranco del Agua que salva un desnivel de unos 1.800 metros. La formación de esta espectacular cuenca ha sido el resultado de una acción erosiva ininterrumpida.

Este escarpado y profundo barranco está excavado en los materiales volcánicos de las series basálticas antiguas y se caracteriza por su impermeabilidad, lo que ha permitido la formación de un importante acuífero en el que se han ido almacenando las aguas infiltradas a través de los materiales superiores. El afloramiento del agua se produce en la zona de contacto de las capas citadas, como se evidencia en los Nacientes de Marcos y Corderos cuyo caudal de 750 m^3/h hace de estos manantiales naturales los más importantes de Canarias.

Por un sendero que discurre junto al canal, podremos descubrir el impresionante paisaje tapizado en las cotas altas por el pino canario y en las medias por distintas especies vegetales como las fayas, el brezo, el faro y la pata de gallo –dos endemismos de

Túnel en la ruta de Marcos y Cordero.

la zona–, el taginaste y numerosos tipos de helechos, entre otras. El punto de partida es la denominada **Casa del Monte**, ubicada en el Lomo del Valle Grande a 1.330 m de altitud. Hasta ella se accede por una pista asfaltada de 8 km que sale de Las Lomadas, barrio de San Andrés que se encuentra en la carretera C-830.

El sendero comienza junto al panel informativo y deberemos atravesar trece túneles hasta llegar a los nacientes de agua. En alguno de ellos se hace imprescindible el chubasquero por la cantidad de agua que sale por todas partes y la linterna debido a la escasa entrada de luz.

Entre el tercer y cuarto túnel observaremos la cabecera de otro barranco situado al Oeste, afluente del cauce principal. A la derecha también podemos ver diversos «diques» formados por material volcánico que constituyen un verdadero enjambre.

A la salida del séptimo túnel, a nuestra izquierda, se encuentra el abrupto escarpe de El Muelle encajonado entre las cabeceras de dos barrancos. Cuando dejamos atrás el noveno túnel nos encontramos la cabecera del barranco de Marcos, separada del de Corderos por el Lomo Corto. Desde este lugar, se percibe el ruido del agua que brota de los **Nacientes de Marcos**, visibles unos metros más adelante.

Antes de entrar en el túnel numero doce, debemos equiparnos con chubasquero. El trayecto a lo largo de este túnel presenta cierta dificultad por la cantidad de agua que brota por todas partes. En este tramo final se sitúa el decimotercero y último túnel, pasado el cual a escasa distancia hallaremos los **Nacientes de Cordero**, menos espectaculares que los anteriores pero de gran importancia para el abastecimiento de agua a esta zona.

Pasado este manantial de agua, por una senda llena de encanto que sale a la derecha, nos adentramos en el bosque de laurisilva de los Tilos, declarado Reserva de la Biosfera desde el año 1983. Para volver tenemos dos opciones; hacerlo por el mismo camino, o ir a buscar la senda que discurre por el barranco del Agua que queda a nuestra derecha.

En este último caso, después de un tramo donde hemos dejado atrás el barranco y superar un leve repechón, nos enfrentaremos a un rosario de escalones excavados en la roca, que de bajada se hacen mucho más llevaderos que si la ruta la hiciéramos al revés.

Finalmente, después de unas 5 horas habremos llegado al **área recreativa de Los Tilos**, situada cerca de la carretera principal C-830, un kilómetro más adelante del desvío que hemos tomado para iniciar el recorrido.

Los barrancos se precipitan hasta el mar.

RUTA 2 : ROQUE DE LOS MUCHACHOS-MIRADOR DEL TIME (por NorOeste, actividades y naturaleza)

El camino comienza un poco antes de llegar al **Roque de los Muchachos**. Estamos a unos 2.300 metros de agua y la ruta discurre en principio por la sierra que bordea el parque nacional, y en su parte final el Barranco de las Angustias.

El recorrido sólo es aconsejable para personas habituadas a caminar, pues el trayecto es muy largo (unas 7 horas) y con un desnivel considerable. Asimismo se recomienda salir de vez en cuando del camino para subir a las partes más altas para contemplar este singular paisaje.

Comenzamos nuestro recorrido desde un camino situado en las instalaciones del astrofísico. Este camino se encuentra rodeado de codesos y lo primero que encontraremos es el Morro de la Cresta, Roque Chico, Degollada de las Palomas y el Pico del Palmero, todos éstos lugares se encuentran por encima de los 2.300 metros. Después empieza una pendiente muy pronunciada que nos lleva hasta la Hoya del Estrabito, desde donde podremos observar las casas de Tenerra. Poco a poco observamos cómo el pinar le va quitando terreno al codesar; siguiendo con nuestro descenso llegamos a ver el Risco de las Pareditas, de picón rojo, y bajo éste la Hacienda del Cura. En estos momentos nos encontramos en cota del 1.650 metros; éste es un lugar a donde todavía hoy suben algunos cabreros con sus pértigas. La última mirada a la Caldera la tenemos en un lugar llamado Hoya Grande (1.400 m). En este tramo es donde encontramos los primeros rastros de cultivo de montaña como viña y frutales.

Un poco más adelante llegamos a una carretera, y siguiendo por ésta encontramos dos desvíos; cogemos el de la izquierda para a unos 20 metros seguir de nuevo por el de la derecha. Luego cruzamos otra carretera en dirección al puesto de vigilancia del Time; en esta torre encontramos un camino, donde tras 300 metros de recorrido, vemos una curva muy cerrada a la derecha, por la que retornamos dirección al mar.

Nos iremos alejando del grupo de casas de Tijarafe, rodeadas por almendros, castañeros y frutales. Cuando encontremos la carretera asfaltada seguimos recto hasta una casa con jardines, donde vemos unos pilares de piedra sosteniendo una tubería, este camino llega sin pérdida al **mirador del Time.**

Borde de la Caldera.

TURISMO RURAL

La oferta de casas de turismo rural en La Palma es muy numerosa; la Central de reservas Isla Bonita es de las más antiguas de Canarias y funciona francamente bien, con un buen servicio de información y planos de situación para que el cliente pueda encontrar cada casa.

De las más de sesenta viviendas que se ofertan, hemos hecho una pequeña selección; todas ellas se alquilan a través de la **Asociación Turismo rural Isla Bonita**, Tels. 922 43 06 25 - 922 43 06 43 (Casa Luján-Puntallana).

BARLOVENTO

• Casa Peluquina y Casa Simón

De Barlovento una carretera nos llevará en 4 km hasta Las Cabezadas; al llegar a este pueblo tomaremos a la izquierda en dirección al colegio y, por una fuerte pendiente, después de 200 m llegaremos a la primera de las casas situada como una balconada sobre el paisaje.

Es una vivienda rehabilitada aunque no ha conservado todo el sabor primitivo. Consta de salón con chimenea, dos habitaciones, cocina-comedor y cuarto de baño. Hay calefacción por radiadores eléctricos y dos terrazas, la posterior con barbacoa.

Un poco más abajo se encuentra la segunda casa, que pertenece al mismo propietario. La capacidad es la misma, aunque aquí la segunda estancia está en el piso de arriba, que conserva los suelos de madera originales. En el exterior hay una piscina rodeada de una amplia zona de césped.

EL PASO

• Casa Jacinta Pura

Construida hace varias décadas, esta vivienda sigue patrones arquitectónicos populares y se encuentra a pocos minutos del núcleo de El Paso.

El porche se vuelca en un amplio jardín plagado de vistosas flores. A la sombra del majestuoso porte de una palmera canaria podremos disfrutar del entorno con panorámicas al Valle de Aridane y las cumbres de la isla.

Alberga en su interior un confortable dormitorio, el salón-comedor, el baño y la cocina. Los pequeños detalles decorativos personalizan los diferentes espacios dándole confort a cada estancia.

• Casa El Rincón

Las Manchas es un barrio de El Paso y en él se encuentra esta casa, que está a 500 m del desvío que va a Fuencaliente.

El mayor defecto de esta encantadora vivienda es que está situada cerca de la carretera; a favor la arquitectura, los jardines que la rodean y los numerosos rincones donde instalar la mesa y tomar el sol, incluida la barbacoa.

A la vivienda se accede por un pequeño salón y tiene tres habitaciones (dos de ellas individuales), cuarto de baño y cocina-comedor con el antiguo horno del pan.

• La Higuerita

Se sitúa en la zona de La Rosa, a pocos minutos del mirador de la Cumbrecita, lugar en el que se pueden admirar las hermosas panorámicas de la Caldera de Taburiente. Un cuidadoso trabajo de restauración ha vuelto a dar a esta magnífica casa canaria todo el esplendor de sus mejores tiempos. Configurada en torno a un patio que la precede, los propietarios han sabido adaptar la magia de la antigua construcción a las exigencias y necesidades más modernas. Así pues, las placas solares suministran la energía eléctrica y las aguas residuales se aprovechan para el riego del jardín.

Consta de dos dormitorios; salón con estufa de leña y cocina donde la amplia campana adquiere un gran protagonismo junto al tradicional horno de barro. Desde sus terrazas tenemos una fantástica vista.

FUENCALIENTE

• Casa Goronas

En la zona de Las Indias, en el municipio de Fuencaliente, rodeada de las tierras negras quemadas por los volcanes del lugar, se encuentra esta estancia que nos brinda reposadas panorámicas hacia el mar.

El porche se asienta en un extremo de la fachada y la vivienda consta de una habitación exquisitamente decorada a la antigua usanza, cocina, cuarto de baño y salón-comedor, la alacena recuperada y las cajas de tea configurando un entorno donde la armonía natural es la pauta decorativa. Las zonas de servicios son amplias y funcionales.

• Casa Pestaña

En el barrio de Los Canarios, cerca del volcán de San Antonio, se asienta esta vivienda construida a finales del pasado siglo.

Con una fisonomía sencilla, propia de la arquitectura popular, la casa se distribuye en dos habitaciones, un salón como núcleo principal en el que destacamos la presencia de un antiguo buró realizado en madera de viñátigo; la cocina y el baño completan el conjunto.

En el exterior podremos respirar la tranquilidad del lugar en sus terrazas y jardines.

• Casa Díaz

Se trata de una vivienda situada en el barrio de Los Quemados, que llama nuestra atención por su estética exterior pintada en amarillo marfil. Está distribuida en dos plantas y consta de un dormitorio con madera en suelos y techos y dos camas de hierro junto a otros muebles de signo tradicional. El salón sencillamente decorado, junto con el comedor, la cocina y el baño completan la estancia.

En el exterior, las empedradas terrazas salpicadas de macetones floridos, naranjos y limoneros, nos ofrecen unas espléndidas panorámicas de las costas de Fuencaliente.

GARAFÍA

• Casa El Colmenero

Situada en plena naturaleza, para llegar a esta casa desde Llano Negro (ctra. de Garafía) tomaremos el desvío hacia la Cueva del Agua. A 0,8 km nos desviaremos a la izquierda por la primera carretera asfaltada en dirección a Catela y en 2,2 km más llegaremos a esta casa tradicional rehabilitada, a la que se le añadieron un par de habitaciones y el cuarto de baño. En la parte antigua, que conserva los suelos de madera, hay un salón con chimenea y la cocina-comedor.

• Casa Margarita

En medio de un ambiente apacible y sosegado se encuentra esta casa con el salón donde está integrada la cocina; una encimera que hace las funciones de mesa delimita ambos ambientes. Tiene además dos dormitorios, un baño y terraza exterior con buenas vistas.

• La Piedra

Cercana a Santo Domingo de Garafía se ubica esta magnífica casa canaria. Las espaciosas dependencias están decoradas de forma modesta y sencilla; en la cocina, la chimenea tiene un gran protagonismo, las alacenas colmadas de loza y una gran mesa le dan vida a la estancia. Además tiene tres habitaciones (una de ellas individual), cocina-comedor y cuarto de baño. En la terraza y zona ajardinada hay también una barbacoa.

LOS LLANOS DE ARIDANE

• Casa El Lagar

La Hacienda de El Cura es uno de los últimos núcleos habitados que se encuentran en el interior del Parque Nacional. Las cuatro casas que hay allí hasta hace veinte años aún se dedicaban al cultivo del tabaco; en una de ellas nació María Raquel; ahora ha sido adaptada para el turismo rural.

La vivienda es sencilla y pequeña, siendo su mayor encanto la ubicación. En uno de los módulos están el cuarto de baño y la habitación, mientras que en otro, donde estaba el antiguo lagar, se encuentran la cocina-comedor y un pequeño salón al lado de la prensa que se conserva tal cual. Este lugar se puede utilizar como punto de partida de numerosas excursiones por el interior de la Caldera.

MAZO

• Casa El Sitio La Rosa

Constituye un conjunto de tres viviendas exquisitamente restauradas y situadas en Monte Breña; independientes entre sí, comparten el gran portalón de la entrada y determinadas zonas del jardín. Cada una de ellas cuenta con una habitación doble, cocina-comedor, salón y baño.

El propietario ha sabido crear ambientes cálidos y naturales dentro de la arquitectura popular; el verdadero protagonismo lo constituye el entorno: las zonas ajardinadas colmadas de exuberantes flores, las huertas cultivadas y las vistas hacia el mar.

• Casa Puente Roto

En el paisaje natural constituido por las coladas del volcán de San Martín, en Tigalate, se encuentra esta casita de arquitectura tradicional con paredes de piedra vista y tejados rojizos; amplios patios nos invitan a disfrutar de las espectaculares panorámicas que nos ofrecen las lavas que emanaron en la cumbre y murieron junto al rompiente de las olas.

Cuenta con dos dormitorios dobles, salón-comedor, cocina y baño. Los elementos típicos se entremezclan con los modernos en una sencilla decoración, constituyendo una agradable estancia.

• Casa Madrina

Cerca del tranquilo núcleo poblacional de Mazo, en el sitio denominado Los Callejones, se ubica esta casita que sin perder su estética rústica, la propietaria ha sabido adaptar a las comodidades propias de la vida moderna.

Consta de un salón-comedor que forma parte de un único ambiente, cocina, baño donde destacamos el aguamanil con forma de concha, y dos dormitorios exquisitamente decorados. Los detalles antiguos personalizan el espacio. Las terrazas, provistas de zona de barbacoa, nos ofrecen amplias panorámicas.

• Casa Salazar

En el pueblo de Mazo y a un centenar de metros de la carretera, se encuentra esta casa donde se alquilan cuatro bonitas habitaciones, todas con su baño. La entrada a cada estancia es exterior, pero entre ellas se comunican, de modo que la casa se puede alquilar entera o por habitaciones.

Como espacios comunes hay varios salones para lectura o televisión, una gran cocina con todos los elementos duplicados, el comedor y el cuarto de lavadoras. La madera, tratada con cera, está presente en toda la casa, que conserva mucho encanto; la propietaria, además, realiza cerámica recuperando formas de la artesanía popular. Es probablemente la mejor casa de la isla.

PUNTAGORDA

• Casa Herenio

En esta casa situada muy cerca del pueblo de Puntagorda los exteriores están casi intactos, todo dentro de las pautas tradicionales: paredes encaladas, grandes ventanales de guillotina, puertas alargadas y un patio que conforma la entrada a la vivienda.

El interior, sin embargo, ha sido reformado; el baño y la cocina son amplios y funcionales, pero el vestíbulo, que hace las funciones de saloncito, y los tres dormitorios ocupan un espacio muy dividido, como es habitual en las viviendas rurales. El jardín tiene una zona de barbacoa y piscina.

• Casa Carlos

En uno de los angostos caminos de El Pinar, en Puntagorda, se encuentra Casa Carlos. Se trata de una vivienda que cuenta con una fachada lineal y alargada en torno a las huertas que la rodean. Sus dependencias son amplias y numerosas; consta de tres dormitorios decorados con muebles de líneas simples: camas de hierro, cajas de tea que hacen de mesa de noche, cuadros de cromos antiguos que visten sus paredes. La rústica sobriedad es la tónica general en el resto de las habitaciones: cocina, comedor, salón y baño. Tiene, además, un patio con barbacoa.

• Casa El Jócamo

En el barrio Fagundo del pueblecito de Puntagorda se encuentra esta casa de campo, antigua vivienda que ha sido rehabilitada, con dos dormitorios, salón-comedor con chimenea, cocina y baño. La construcción conserva viva su arquitectura original: elementos clave son el patio en torno al cual se dispone la vivienda y los techos de madera. En la decoración se han mezclado los elementos antiguos con los más modernos y dispone de agradables terrazas.

PUNTALLANA

• Casa Emiliana

Cerca del pueblo de Puntallana, a unos trescientos metros de la carretera general, se encuentra esta casa tradicional rehabilitada que consta de una habitación, salón-comedor-cocina con chimenea y un cuarto de baño. La decoración es acogedora, está rodeada de jardín y posee una terraza exterior con una bonita barbacoa y buenas vistas.

TIJARAFE

• Casa Emilia

Se sitúa en un lugar muy vistoso y tranquilo, denominado La Punta, a cinco minutos del mirador que nos ofrece unas espectaculares panorámicas de la Caldera de Taburiente, Valle de Aridane y Cumbre Vieja.

El propietario la ha rehabilitado conservando lo mejor de su origen rural pero sin complicaciones decorativas. La fachada está parcialmente acristalada propiciando la entrada de luz al pasillo que hace las funciones de vestíbulo.

Asimismo, el salón-comedor se comunica visualmente con la cocina a través de un gran arco; dos dormitorios (uno de ellos individual), más el cuarto de aseo conforman esta vivienda que está provista de zona de barbacoa, ubicada de forma casi subterránea, en la parte exterior de la casa.

HOTELES SINGULARES

En la isla de La Palma actualmente se han desarrollado dos núcleos turísticos: uno en la playa Los Cancajos, cerca de la capital, y el otro, en Puerto Naos, al otro lado de la isla.

En ellos es donde ha crecido más la oferta hotelera; así en el primero se encuentra el hotel **Taburiente Playa*****, Tel. 922 18 12 77, con casi 300 habitaciones, y en el segundo, el hotel **Sol Élite La Palma*****, Tel. 922 40 80 00, de parecida capacidad. En Los Llanos de Aridane el hotel **Valle Aridane*****, Tel. 922 46 26 00, con 42 habitaciones, tiene unas características interesantes, y el hostal **Edén**, Tel. 922 46 01 04, se encuentra en el mismo centro de la localidad con un buen nivel de acomodación.

Una oferta que ha proliferado muchísimo en toda la isla son los apartamentos; los hay de distintas categorías. Próximamente se va a inaugurar un Parador de Turismo que sustituirá al anterior que había en la capital.

• Hotel La Palma Romántica

En el Norte de la isla, cerca de la localidad de Barlovento, se levanta este establecimiento hotelero de tres estrellas, que por sus múltiples rincones y facetas hace honor a su nombre.

Tiene 34 habitaciones, cinco de ellas son con salón y otras cinco triples, todas con baño, calefacción por suelo radiante, teléfono, televisión y mini-bar. El hotel cuenta además con una pequeña piscina exterior y otra interior con *jacuzzi*, sauna, sala de masajes, gimnasio y pista de tenis.

Hay restaurante con buenas especialidades y una bodega por si se desea tomar un poco de vino acompañado de jamón y queso.

El exterior está rodeado de plantas con terrazas cubiertas y al aire libre, para que cada uno pueda escoger a su antojo. Se organizan rutas de senderismo y se alquilan bicicletas.

DIRECCIÓN

Hotel La Palma Romántica
Barlovento - Tel. 922 18 62 21

• Hotel Arminda

Se trata de un hotel rural de una estrella situado en la villa de Mazo, a corta distancia de la carretera pero rodeada de una finca de plataneras.

El establecimiento, que ocupa una antigua casa con más de 200 años, respira encanto desde el momento en el que se entra en su interior; en la decoración se ha empleado multitud de objetos antiguos y sobre todo cestas de frutas.

Las cinco estancias se reparten en un patio interior con galería, y todas ellas tienen salón, cuarto de baño, teléfono y televisión.

Una terraza exterior bajo el porche es el lugar ideal para leer un libro o tomar el sol y degustar un desayuno; además, si a uno le apetece, puede refrescarse en la pequeña piscina.

Dirección

Hotel Arminda
Mazo - Tel. 922 42 84 32

• Hotel Amberes

En el centro urbano de Los Llanos de Aridane se ha rehabilitado una mansión de 1660, convirtiéndola en un agradable hotel de dos estrellas con siete habitaciones encantadoras, con un gran cuarto de baño.

Desde el patio interior se accede al restaurante, rodeado de un jardín, donde se pueden degustar cocina vegetariana y algunos platos creativos.

Dirección

Hotel Amberes
Los Llanos de Aridane - Tel. 922 40 10 40

• La Casona de Argual

A la salida de Los Llanos de Aridane en dirección a Tazacorte, se encuentra esta casona rehabilitada y convertida en un agradable restaurante, donde también se alquilan varias habitaciones como hotel rural. A su lado, el Cabildo ha rehabilitado un palacete donde tiene instalado un centro permanente de artesanía y sala de exposiciones. Este lugar fue uno de los primeros asentamientos coloniales de la isla.

Dirección

La Casona de Argual - Argual
Los Llanos de Aridane - Tel. 922 40 18 16

• Hacienda San Jorge

De los grandes hoteles de sol y playa éste es probablemente el menos convencional de La Palma. Está situado, frente a la playa Los Cancajos, cerca de Santa Cruz de la Palma.

Consta de 155 apartamentos, todos con cocina-comedor, cuarto de baño y una habitación, menos tres que tienen un par de habitaciones; en todos ellos, además, hay televisión y teléfono. En un futuro inmediato se le añadirán también varias habitaciones convencionales. El establecimiento hotelero construido formando un pequeño pueblo, está dispuesto alrededor de una gran piscina de agua salada con amplia zona ajardinada, donde no faltan los estanques con patos y un orquidario. Además, hay sauna, baño turco, *jacuzzi*, gimnasio, sala de conferencias, restaurantes, diversas cafeterías y supermercado. También se organizan rutas de senderismo varias veces por semana.

Dirección

Hacienda San Jorge - Playa Los Cancajos
Breña Baja - Tel. 922 18 10 66

LUGARES DE INTERÉS

Fachada marítima de Santa Cruz de la Palma.

Santa Cruz de la Palma extiende su fachada principal en un amplio frente marítimo por donde discurre la carretera principal. Allí aparecen las típicas balconadas tantas veces fotografiadas traídas por los colonizadores, con aportaciones posteriores de los comerciantes que se establecieron en esta isla (principalmente portugueses, genoveses y flamencos). Pero estos balcones constituían antiguamente la parte posterior del edificio, cuya fachada principal miraba a la calle Real; allí veremos la Casa Salazar (actual oficina de turismo), el ayuntamiento y frente a él la iglesia de El Salvador y numerosos palacetes que evocan el pasado floreciente de la capital.

Otros edificios que podemos visitar son el antiguo convento franciscano (s. XVI) convertido en museo insular con colecciones de pintura (flamenca del siglo XVI y colecciones de los siglos XIX y XX), además de salas dedicadas a la historia natural, arqueología y etnografía.

Las fiestas de carnaval (sobre todo el lunes con la llegada de los indianos inmersos en una gran batalla de polvos de talco) tienen gran renombre en la ciudad, lo mismo que el 3 de mayo, cuando se conmemora el aniversario de su fundación. De todas maneras, probablemente la fiesta más celebrada sea la que acontece entre el último domingo de junio y el 5 de agosto, cada cinco años, en honor de la Virgen de las Nieves, patrona de la isla (la próxima celebración es en el año 2000); a esta imagen del siglo XIV se le atribuyen numerosos milagros y es entonces cuando se baila en su honor la famosa «danza de los enanos», además del «diálogo entre el Castillo y la Nave» y el minué; estos actos acontecen la semana que sigue al segundo domingo de julio.

La rehabilitada Casa Luján de **Puntallana** se ha acondicionado como museo etnográfico y centro artesanal, y además es el lugar donde se ubica la oficina de información y gestión de turismo rural. A la belleza de la casa con su patio interior, se unen diversas estancias con muebles de la

Grabados aborígenes en La Zarza.

Santa Cruz de la Palma.

época y objetos procedentes del mundo rural. (Horario: de 10 h a 13 h y de 16 h a 18 h, todos los días. Tels. 922 43 06 25 - 922 43 02 261.)

San Andrés y Sauces es un municipio dedicado principalmente a la agricultura dada la gran cantidad de agua que procede de los nacientes Marcos y Cordero (véase Ruta 1). Mientras Los Sauces se aglutina alrededor de la iglesia de Montserrat (s. XVI), San Andrés tiene uno de los mejores cascos históricos de la isla, y es uno de los primeros asentamientos coloniales, con una actividad ligada antiguamente al ron de caña. En la costa, cerca de puerto Espínola, se encuentran las piscinas naturales conocidas como el Charco Azul, lugar muy apropiado para el baño.

La **Villa de Mazo** además de buenos ejemplos de arquitectura tradicional, por la festividad del Corpus engalana sus calles con unos arcos artesanales unidos por alfombras de flores.

En la localidad se levantan catorce arcos que corresponden a cada uno de los barrios; el armazón es de madera y algunos miden más de diez metros de altura. La eucaristía es el tema común a todos ellos y se recubren con pétalos, musgos y líquenes que se han ido a recoger al monte; el resultado final son verdaderas obras de arte en las que ha colaborado toda la población.

En **Tijarafe** tiene lugar una de las celebraciones con mayor raigambre en la isla. La víspera del ocho de septiembre y con motivo de la festividad en honor de la Virgen de la Candelaria, en medio de una verbena popular se realiza la «danza del diablo». Un armazón en forma de diablo de 40 kg de peso con 30 kg de material pirotécnico, llevado por un solo hombre, se pasea entre la muchedumbre soltando fuego por los cuatro costados.

• Yacimientos arqueológicos

En la Palma hay numerosos lugares con inscripciones rupestres efectuadas por sus antiguos habitantes, los benahoritas; estos grabados, que reciben el nombre de petroglifos, normalmente representan espirales, meandros y círculos concéntricos y están realizados en la piedra. Aunque su significado aún no ha sido descifrado, se ha asociado con ritos mágicos relacionados con el agua; también se asocian a grabados similares encontrados en el Norte de África realizados por las tribus bereberes.

Entre Barlovento y Puntagorda, junto a la carretera, se encuentra el **Parque Cultural La Zarza** donde hay una sala de interpretación con un poco de historia sobre los aborígenes y un vídeo. Por un sendero de 1,5 km (ida y vuelta) se llega hasta los primeros signos. (Horario: de martes a sábado, de 11 h a 17 h; domingos y festivos, de 12 h a 18 h; lunes, cerrado. Tel. 922 69 50 05.)

Otro lugar donde podemos ver este tipo de grabados es en la **Cueva de Belmaco**, también junto a la carretera entre Mazo y Fuencaliente. Allí se están terminando de habilitar un centro de interpretación y diversos senderos.

Caldera de Taburiente

Es una gran depresión caldeiforme de origen desconocido, que ocupa la mitad Norte de la isla de La Palma. De paredes abruptas, este enorme cráter de unos 8 km de diámetro guarda en su interior una riqueza vegetal considerable, con una de las mejores representaciones de pino canario.

Su punto más elevado es Roque de los Muchachos, con 2.426 m; allí científicos de medio mundo se disputan un espacio de cielo. El Observatorio Astrofísico cuenta con numerosos telescopios compartidos por varios países; la nitidez del cielo canario y la situación de esta isla garantizan excelentes observaciones del universo.

Caldera de Taburiente, declarada parque nacional en 1954, cuenta con 4.690 Ha de área protegida. Hay tres puntos a los que se puede acceder en vehículo; Roque de los Muchachos, el mirador de La Cumbrecita y el de los Bresitos. Hasta los dos primeros se llega por carretera; en cambio, al último se hace por una pista de tierra. Para ello, en Los Llanos de Aridane hay que tomar en dirección al Parque Nacional; a 2,2 km de distancia el camino asfaltado deja paso a una pista de tierra que en 3,2 km más desciende hacia el barranco de las Angustias (hay una caseta de información abierta todos los días de 8 h a 15 h). Hemos de vadear el citado barranco, normalmente con muy poca agua, y ascender por el otro lado llegando a la Hacienda del Cura 10 km después de haber empezado el recorrido, lugar donde hay una casa de turismo rural; en 6,2 km más llegaremos al mirador de los Bresitos, de donde parte el sendero hacia Taburiente, que en el lenguaje aborigen quiere decir llano.

Éste es probablemente uno de los pocos lugares llanos en el interior de la Caldera, donde además corre el agua y el único en el que está permitida la acampada. Actualmente se está construyendo un refugio y allí aún viven los propietarios de buena parte de estas tierras, que aunque declaradas parque nacional son propiedad privada. Una de las excursiones clásicas consiste en ir del mirador de los Bresitos hasta Taburiente (1.30 h) y desde allí descender por el barranco de las Angustias hasta el sitio donde la pista vadea el curso del agua (4:30 h). Normalmente en este lugar hay un servicio de taxis todo terreno que ofrece la posibilidad de subir hasta el mirador, mientras luego existe la posibilidad de realizar el itinerario a pie, regresando hasta el lugar donde se ha dejado el vehículo.

Desde los otros miradores también parten varios caminos señalizados. De La Cumbrecita sale uno de los recorridos hacia el interior de la caldera que, cruzando diversos barrancos, va hasta Taburiente; este itinerario, de unas 6 horas de duración, es uno de los más complicados (hay cadenas adosadas al terreno en algunos tramos para agarrarse), por lo que conviene preguntar antes por el estado del terreno. También tomando la pista Ferrer, que parte a la izquierda en la carretera que sube a La Cumbrecita, podemos subir por un sendero hasta el pico Bejenado (1.857 m). Desde Roque de los Muchachos también tenemos varias excursiones para realizar (véase Ruta 2).

De todas maneras, antes de adentrarnos en el parque, vale la pena pararse en el Centro de Visitantes de El Paso, situado junto a la carretera, antes de llegar a esta localidad. Allí, con un sistema interactivo, podrá ver las posibles rutas y, si desea acampar, tendrá que solicitar el correspondiente permiso. También encontrará información sobre flora, fauna y formación geológica en una película sobre la Caldera de Taburiente y otra sobre la isla de La Palma. (Horario; laborables, de 10 h a 14 h y de 16 h a 18 h; sábados, domingos y festivos, de 10 h a 15 h. Tel. 922 49 72 77.)

El verde de los árboles y plantas con el negro de la lava volcánica son una constante en toda la isla.
Volcán San Antonio y la población de Fuencaliente, junto con los pinares de Cumbre Vieja.

Plataneros y cactus en Tazacorte.

Artesanía

En la isla de La Palma se concentran un buen número de artesanos que aún realizan antiguos oficios recuperando algunos que se habían perdido.

Así, en el municipio de El Paso se siguen criando gusanos de seda, convirtiendo los hilos de los capullos en brillantes madejas de lana con las que se confeccionan pañuelos, camisas y corbatas; cada capullo suministra unos 1.500 m de hilo y las madejas se tiñen con procesos naturales según los colores que se quieran conseguir. (Taller de Seda Doña Maruca, Tels. 922 48 55 32 - 922 48 56 92, El Paso.)

En la villa de Mazo se encuentran la Escuela de Artesanía y un par de talleres de alfareros que han recuperado la antigua cerámica aborigen y popular. Uno es el Molino donde Ramón y Vina desde hace 30 años realizan reproducciones exactas de la cerámica que utilizaban los antiguos habitantes de la isla. (Horario: de lunes a sábado, de 9 h a 13 h y de 15 h a 19 h. Tel. 922 44 02 13.) El otro es el que Blanca Pérez tiene en su taller de Casa Salazar dedicada al turismo rural, en el que ha ido recuperando las antiguas piezas empleadas antaño para recoger el agua y cocinar. (Tel. 922 42 82 58.)

Los bordados también es una labor que se viene llevando a cabo en casi todas las casas; en diversas localidades de la isla existen centros de artesanía donde se pueden adquirir dichos productos. (Casa Massieu Van Dalle, Tel. 922 40 18 99, Llano de Argual - Los Llanos de Aridane. Escuela Insular de Artesanía, Tel. 922 44 00 52, Villa de Mazo. Casa del Quinto, Tel. 922 45 11 57, San Andrés y Sauces. En todas ellas el horario es de lunes a viernes, de 9 h a 16:30 h.)

En Breña Baja y Breña Alta se cultiva el tabaco y aún se realizan a mano los famosos puros palmeros, tradición traída por los emigrantes que volvieron de Cuba. El proceso desde que se planta hasta el posterior secado de las hojas es largo y complicado; ver como se confeccionan los puros y se cortan las hojas es un verdadero arte.

Departamento de Artesanía del Cabildo Insular de La Palma, Avda. Marítima 3, Tel. 922 42 31 00, Santa Cruz de La Palma.

Roque y sus puros

Su nombre es Roque, Roque Concesión Sangil, y su hogar, un chinchalero, o sea, una pequeña fábrica de puros. Aprendió el oficio a los 7 años y después de pasar por muchos trabajos volvió a los puros de la familia, primero para hacer 400 al día, y ahora hasta unos 200, siempre en compañía de las fotos de sus clientes-amigos, entre ellos, Churchill y Fidel Castro.

Sobre los puros, Roque dice que los secretos son pocos: «Buen tabaco, liarlos a mano y sin fallos»; sobre el acto de fumarlos, lo tiene claro porque no conoce la tos, pero fuma desde los 6 años y tiene 68, y se alegra de que en América las mujeres fumen puros. Eso sí, se mofa de «un alemán que fumaba puros chicos y que ahora es ministro y resulta que los quiere gordos». En fin, que vale la pena acercarse al estanco de Roque para hablar con él o al menos mirar cómo trabajan sus manos. Está en Santa Cruz de la Palma, en la calle Pérez Volcán, junto al mercado.

GASTRONOMÍA

Si algo tiene de peculiar la isla de La Palma dentro del capítulo gastronómico es el llamado vino de tea que se produce en algunos lugares de la isla. El vino es de uva como todos, pero al guardarse en barricas o pipas hechas con el corazón de la madera de pino, coge un gusto peculiar por la resina que rezuma de dicha madera.

Mejillones y lapas.

Además, los vinos que se elaboran en la zona de Fuencaliente cuentan con denominación de origen propia y tienen fama desde el siglo XVI, con un tinto donde interviene básicamente la uva negramel, hasta rosados y blancos elaborados con uvas bujariego, listán y caletas entre otras. A tener en cuenta también los malvasias dulces y secos; algunas bodegas se pueden visitar y degustar sus productos. Otro producto original es el «mojo palmero» que aquí está hecho a base de pimienta roja, ajos, comino, orégano, aceite y sal.

Algunos de nuestros restaurantes recomendados son el **Chipi-chipi**, Tel. 922 41 10 23, en las afueras de la capital con cocina tradicional canaria, lo mismo que el restaurante **Reyes,** Tel. 922 40 04 84, en Roque Faro. Cerca de allí a pie de carretera, en el bar-restaurante **La Mata** se come un excelente potaje de trigo, Tel. 922 40 00 74. Para comer pescado fresco podemos dirigirnos al **Mesón del Mar** en puerto Espínola, Tel. 922 45 03 05, o a cualquiera de los restaurantes que hay al final de la playa de Tazacorte.

En El **Bernagal**, Tel. 922 40 04 80, tenemos cocina creativa en una antigua casa rehabilitada; el **Tamanca**, Tel. 922 46 21 55, en Los Llanos de Aridane junto a la carretera general, es una típica bodega en el interior de una cueva, lo mismo que **El Secadero**, en Las Manchas, imita un antiguo secadero de tabaco, Tel. 922 49 40 28.

Bodega en Casa Salazar.

TURISMO ACTIVO

• Excursiones a caballo

La cuadra Isla Bonita ofrece paseos principalmente por El Paso, Los Llanos de Aridane y Fuencaliente; asimismo, en la sociedad hípica La Palma y en el Círculo Hípico Manivasán también realizan distintas rutas y cursos de monta y doma.

Cuadra Isla Bonita. Tels. 922 49 74 68 - 670 81 26 37 (El Paso)
Sociedad Hípica La Palma-Miranda. Tel. 922 43 76 96 (Breña Alta)
Círculo Hípico Manivasán. Tel. 922 40 12 65 (El Paso)

• Excursiones en BTT

Hay diversas empresas que alquilan bicicletas para efectuar rutas por la isla. Aire Libre ofrece también rutas de senderismo.

Aire Libre. Tels. 922 49 33 06 - 608 64 15 20 (Puntagorda)
Biken Fun. Tel. 922 40 19 27 (Los Llanos de Aridane)
Bike Station La Palma. Tel. 922 40 83 55 (Puerto Naos-Los Llanos de Aridane)

• Parapente

Existen dos empresas que alquilan material y tienen pilotos para impartir cursos y acompañantes en vuelos.

Club Parapente Balayo. Tel. 922 44 40 34 (Barrio de los Quemados-Fuencaliente)
Palma Club. Tel. 922 41 10 87 (Los Llanos de Aridane)

• Senderismo, descenso de barrancos

A pie es una de las maneras en que podremos descubrir mejor la isla; rutas como la de los volcanes, el Teneguía, la Caldera de Taburiente o los nacientes de Marcos y Cordero nos ayudaran a descubrir una isla distinta.

La empresa **NorOeste** se ha incorporado recientemente a esta oferta y cuenta con personal especializado. Ellos nos proponen desde rutas temáticas para descubrir plantas, restos arqueológicos o centros artesanales, hasta excursiones de varios días de duración con todo el apoyo técnico. También ofrecen programas de multiactividad (vela, buceo, escalada, etc.) para toda una semana con alojamiento incluido.

La Palma Tour. Tel. 922 18 11 09 (Los Cancajos-Breña Baja)
Ibakken. Tel. 922 40 04 44 (Garafía)
La Palma Trekkins. Tel. 922 43 45 40 (Breña Baja)
NorOeste. Tels. 922 41 73 85 - 609 39 22 81 (Santa Cruz de La Palma)

• Espeleología

Cuevas y tubos volcánicos no le faltan a la isla para explorar; en los más profundos vale la pena ir acompañados de guías y provistos de material. Algunos de ellos, como el Hoyo de la Sima tiene un desarrollo marcadamente vertical, ya que el magma fluyó del interior de la chimenea por una salida inferior a la boca; la Cueva de Todoque, en el municipio de Mazo, es de los tubos volcánicos más conocidos en la isla y uno de los de mayor longitud.

Grupo de Espeleología Junania. Tel. 922 43 03 92 (Puntallana)

• Paseos en barca

Desde el puerto de Tazacorte hay diversas embarcaciones que organizan excursiones por mar visitando los lugares más significativos. Uno de ellos es el barco Agamenón que va diariamente hasta la Cueva Bonita, la bahía de la Candelaria y la playa de Tinifara. También organiza salidas para la pesca de altura.

Agamenón. Tels. 922 46 28 49 - 689 35 88 61 (Puerto de Tazacorte)

• Submarinismo

Los centros de inmersión con escafandra autónoma aún no se han desarrollado mucho en esta isla. Todas imparten cursos y alquilan equipos; además, el Atlantic 28 tiene material para realizar fotos y vídeos submarinos.

En la isla de La Palma no hay cámara hiperbárica, utilizándose por su proximidad la de Tenerife (véase el capítulo correspondiente)

Club Atlantic 28. Tel. 922 48 09 11 (Puerto de Tazacorte)
Club La Palma Sub. Tels. 922 42 03 55 - 607 68 70 72 (Santa Cruz de la Palma)

Santa Cruz de la Palma.

Roque de Salmor desde el mirador de la Peña.

El Hierro, con 278 km^2 de superficie es la isla más pequeña del archipiélago canario; también es la más tranquila, ya que el turismo apenas la ha descubierto y, por lo tanto, no hay ningún complejo hotelero de aquellos que dañan a la vista.

Sus dimensiones hacen que en un par de días se puedan recorrer todos los rincones y disfrutar de sus encantos naturales. Su estructura montañosa, de cientos de pequeños volcanes extinguidos, hace que se deba circular con precaución ya que algún tramo de carretera aún está sin revestir.

Parece ser que la formación de la isla se inició hace unos 100 millones de años, cuando el fondo marino se rompió empezando a fluir el magma, que fue levantando una estructura piramidal en forma de estrella de tres puntas, la cual emergió finalmente. Posteriores emisiones de lava fueron dándole la forma actual a la isla, que acabó de configurarse con el hundimiento de la parte de montaña que ocupaba el valle del Golfo. Este gran anfiteatro se formó hace 50.000 años, al derrumbarse la frágil estructura de lava solidificada, debido probablemente a algún seísmo.

El punto más alto de la isla es el monte Malpaso, de 1.500 m; éste y otros lugares son los escogidos por los amantes del parapente para saltar. Otro deporte que resulta ideal para practicar en esta isla es el submarinismo; sus aguas transparentes y los fondos de lava volcánica con cuevas y recovecos acogen una numerosa fauna.

Aquí no busque playas; alguna hay escondida por la isla y lo que se encuentran son piscinas naturales (charcos), donde darse un baño. En El Hierro hallará paisajes en los que el verde de los pinos, encinas y fayas, contrasta con el negro de la lava, acompañados por las formas retorcidas de las sabinas milenarias

ITINERARIO ALREDEDOR DE LA ISLA Y LUGARES DE INTERÉS

Valverde es la única capital de Canarias que no está junto al mar; es una localidad pequeña, con sólo 1.800 habitantes, un cine que comparte proyecciones con Frontera y dos gasolineras (en toda la isla sólo hay cuatro, las otras dos están en El Pinar y Frontera). La iglesia de la Concepción, del siglo XVIII, y el ayuntamiento se encuentran en el centro de la población y próximamente se va a abrir en la Casa Alfar un museo etnológico y centro artesanal.

Un itinerario alrededor de la isla que parte de esta localidad nos puede llevar, por el Norte, hasta el desvío que nos acercará en 9,5 km a **Pozo de las Calcosas**; primer punto de interés, ya que desde arriba del acantilado veremos el poblado, construido con muros de piedra seca y tejados de paja, al que se accede a pie por un sendero. Antes, desde Echedo, una pista también nos lleva hasta el **Charco Manso**, una fantástica piscina natural habilitada en una costa muy agreste, con arcos de lava y numerosos bufaderos.

De nuevo en la carretera principal llegaremos en unos 6 km al **mirador de la Peña**, obra de César Manrique, para disfrutar de la vista de El Golfo, con el Roque de Salmor resistiendo el oleaje; en el conjunto arquitectónico también se integra un restaurante. Nuestros pasos nos conducirán ahora hacia San Andrés, pero a 6 km del mirador encontraremos a la izquierda una pista señalizada que nos llevará en 2,7 km hasta el **Garoé**, árbol sagrado de los bimbaches.

Diversas leyendas rodean este árbol que destila el agua de la niebla y, según cuenta la historia, proveía del líquido elemento al pueblo aborigen que vivía aquí antes de la conquista.

En una isla donde la lluvia es escasa, sobrevivir sin agua era tarea difícil. Cuentan cómo un hermoso til condensaba la niebla a través de sus hojas, cuyas gotas se precipitaban a una red de albercas; éstas proporcionaban agua a la población de la isla. Pero la leyenda aún nos cuenta más cosas; hasta estas costas llegaron los normandos al servicio del rey de España; al no poder sobrevivir por falta de agua, estaban a punto de marchar, cuando el amor entre la nativa Guarazoca y el capitán Maciot hizo que la muchacha aborigen, temiendo perder a su amante, le revelará el secreto que su pueblo guardaba celosamente.

De esta manera los castellanos acabaron sometiendo a este pueblo y Guarazoca fue abandonada por su capitán y condenada por el gran consejo reunido en el Tagoror, a morir despeñada desde lo más alto del acantilado. El árbol primitivo fue destruido en 1610 por un huracán y en 1949 se plantó otro en el mismo lugar que actualmente ya ha alcanzado proporciones considerables.

Pozo de las Calcosas.

De todas maneras las crónicas cuentan como El Hierro fue conquistada en el siglo XV por Juan de Bethencourt al servicio del rey de Castilla. Hasta estas costas ya habrían llegado anteriormente romanos, árabes, portugueses, ingleses y franceses, con el consiguiente apresamiento de nativos que posteriormente eran vendidos como esclavos, motivo por el que los bimbaches vivían en el interior.

Prosiguiendo nuestra ruta, **San Andrés** es un pueblo eminentemente agrícola con algunas casas dedicadas al turismo rural y hasta él también se puede llegar, y de forma más directa, por la TF-912. Ahora esta carretera, por el cordal de la montaña nos llevará en 24 km hasta **Frontera**, municipio que ocupa el suroeste de la isla, pero que principalmente se extiende por la zona de El Golfo, con sus pueblos diseminados y sus cultivos de piñas y plataneras. La carretera serpentea por la ladera de esta montaña en forma de media luna, hasta que nos recibe la iglesia de la Virgen de la Candelaria, con su campanario separado encima de un promontorio de roja ceniza volcánica. Más abajo, los distintos pueblos del municipio se extienden en un fértil valle: Las Puntas, Tigaday y Los Llanillos son algunos de ellos. Las plataneras llegan hasta el acantilado, acompañadas desde hace algunos años por los cultivos de piña tropical, los únicos de toda Canarias.

Camino de Las Puntas hay que visitar el **Ecomuseo Guinea** y el **Lagartario**; ambas iniciativas, llevadas a cabo por el Cabildo Insular, pretenden por un lado recuperar un asentamiento del siglo XVII y posteriores, mostrando la forma de vida de aquellas gentes y, por el otro, ver algunos ejemplares del lagarto gigante de El Hierro (Galliotia Simonyi), endemismo de la isla en peligro de extinción, que se ha podido criar en cautividad para volverlo a soltar en los lugares donde vivieron. Estos animales llegaron a medir un metro y medio; durante mucho tiempo se les creyó extinguidos, hasta que volvió a localizarse en 1975. Actualmente puede llegar hasta los 70 cm y es un animal protegido por la ley. (Horarios: de 10 h a 14:30 h y de 16 h a 18 h; domingos, de 11 h a 14 h; lunes, cerrado. El lagartario se rige por los mismos horarios, pero sólo está abierto los martes, jueves y sábados. Tel. 922 55 60 62.)

Además, para aquellos amantes de darse un remojón, existen dos lugares sumamente recomendables en forma de piscinas naturales; uno es el **Charco de la Maceta**, con zona recreativa (mesas y barbacoas) además del restaurante de próxima inauguración, y el otro es el **Charco Azul**, en Los Llanillos, al que hay que descender por un camino.

La carretera continúa camino hacia el Oeste y en Los Llanillos se nos presentan dos opciones: seguir por el camino asfaltado que discurre a media ladera hasta Sabinosa o tomar una carretera sin revestir que va junto al acantilado. Para esto último, al entrar en Los Llanillos debemos tomar la carretera que va a Las Puntas y a 0,7 km desviarnos por la pista de tierra que sale a la izquierda; a 0,5 km cruzaremos otra carretera y 6,4 km más adelante saldremos a la carretera principal entre **Sabinosa** y **Pozo de la Salud**.

Si el primero es uno de los pueblecitos más típicos de esta zona, en Pozo de la Salud hay un balneario rehabilitado por el Cabildo, cuyas aguas siempre gozaron de merecida fama. Ahora penetraremos en una zona poblada solamente por lava volcánica, donde se esconde una de las playas más bonitas de la isla.

La carretera, en el momento de realizar esta guía, aún tenía un kilómetro sin asfaltar; algunos desvíos nos llevan a pequeñas calas (Arenas Blancas, playa de la Madera) que se esconden entre las columnas de basalto. La carretera empieza a elevarse proporcionando una fantástica perspectiva de este paisaje teñido de negro, cuando a 5 km del balneario nos encontramos con el desvío que, en algo más de un kilómetro, nos llevará hasta **El Verodal**, una de las pocas playas que hay en la isla y que además, en este caso, es de arena rojiza; tiene también una pequeña área recreativa con sus mesas y techo de paja.

Volvemos a la carretera principal que empieza a subir curva tras curva, y encontramos alguna sabina con sus troncos retorcidos por el viento. A 6,8 km del cruce hacia la playa encontramos el que va al **faro de Orchilla**; serán 5 km de pista de tierra hasta llegar a este faro, considerado por Ptolomeo desde el siglo II de nuestra era

Lagarto gigante de El Hierro.

Ecomuseo Guinea.

Vista del Golfo desde el mirador de Bascos.

como «Fin del mundo» y por lo tanto lugar por donde pasaba el meridiano cero; esto siguió así hasta que en el año 1883 fue desplazado a Greenwich.

De todas maneras, el faro de Orchilla es el punto más occidental y meridional de España; a todos aquellos que acreditan haber estado allí, el Patronato de Turismo en Valverde les extiende un certificado (cuesta 200 Pta.).

El lugar sorprende por su agreste soledad y por las lenguas de lava que lo invaden. La pista continúa hasta la punta de la Palometa y la playa de Los Colorados, pero por poco que nos guste la aventura, muy cerca del faro por un sendero accederemos hasta la entrada de la Cueva del Faro (de las tres bocas que hay es la más cercana a la cruz de madera). Por unos peldaños podemos descender a este tubo volcánico y provistos de una linterna avanzaremos por su interior sin ningún problema hasta llegar al acantilado. El tubo acaba bruscamente como una balconada sobre el mar (hay unas maderas en forma de barandilla) .

A 3 km del desvío hacia el faro de Orchilla y después de pasar un par de cancelas, encontraremos el desvío que va al santuario de **Nuestra Señora de los Reyes** y El Sabinar. Esta virgen patrona de El Hierro, según cuenta la historia, el 6 de enero de 1547 (festividad de los Reyes), los tripulantes de un barco la cambiaron por queso y leche a unos pastores. La imagen permaneció escondida en la cueva del Caracol durante 30 años y el 25 de abril de 1577 se consagró el actual templo.

En esta fecha se celebra la fiesta de los pastores y cada cuatro años, el primer sábado de julio, la virgen emprende una peregrinación hasta Valverde; son 42 km a pie en una sola jornada y después de pasar nueve días en la capital, donde se celebran fiestas, la imagen recorre otras poblaciones de la isla, hasta que al cabo de un mes vuelve al santuario, donde reposa en un retablo restaurado rodeada de los tres Reyes Magos (la próxima celebración corresponde al año 2001).

Desde la iglesia prosigue una pista de tierra, que se bifurca 1,7 km después. Por la izquierda llegaremos al cabo de 0,8 km al **Sabinar**, bosque de árboles milenarios cuyas formas retorcidas por el viento son más que espectaculares. Si tomamos la pista de la derecha (y en la bifurcación otra vez a la derecha), en 1 km estaremos en el **mirador de Bascos** (hay una fuente), perfecto observatorio batido por el viento de todo el valle del Golfo. Es una de las mejores vistas de toda la isla.

Volviendo al desvío de la ermita de la Virgen de los Reyes, la carretera empieza a adentrarse en el **Júlan**, gran pendiente que desciende hasta el llamado Mar de las Calmas. Al cabo de 3,7 km sale por la izquierda una pista que recorre la isla por el cordal, saliendo muy cerca de donde iremos a parar si continuamos por la carretera. Es una buena alternativa que puede afrontarse con todo tipo de vehículos; en un punto del recorrido podremos subir hasta Malpaso, el punto más alto de la isla.

Si seguimos por el camino asfaltado, enseguida deja paso a una pista de tierra que atraviesa un frondoso pinar. Al cabo de 4,5 km el camino vuelve a estar asfaltado y en 1,8 km más llegaremos al desvío que nos llevará a **Los Letreros**, zona donde se encuentran los grabados aborígenes en la lava solidificada y donde está el *tagoror*, lugar en el cual se reunía el Consejo de los bimbaches.

El camino tiene unos 7 km de longitud y presenta una fuerte pendiente; si para bajar ya es incómodo, no digamos para subir. Hay que contar de 4 a 5 horas entre ir y volver, y evitar el sol del mediodía, sobre todo en pleno verano; la roca negra a nuestro alrededor no hace más que elevar la temperatura y durante el trayecto no se encuentra una sola gota de agua. Abajo hay un servicio de guarda de 8:30 h a 15 h.

A 1 km de este punto encontraremos otra pista señalizada hacia el monte Mercader y la Cruz de Los Reyes. A medio camino, esta pista se bifurca; por un lado empalmaremos con la pista que discurre por el cordal de la montaña y por el otro saldremos a la carretera que va a San Andrés. Si proseguimos nuestro itinerario inicial, 4,6 km después habremos llegado a la **Hoya del Morcillo**, magnífica zona recreativa con área de acampada incluida (es el único lugar de la isla donde se permite acampar).

En 0,7 km más llegamos a otra bifurcación; la carretera de la derecha nos lleva hacia Valverde o Frontera cruzando el Fayal, frondoso bosque de hayas. Siguiendo este camino, al cabo de 0,9 km encontraremos la pista que va a la montaña Mercader (comunica con el desvío que hemos mencionado anteriormente); cuando lleguemos a la carretera principal TF-912, por la izquierda, a muy poca distancia de donde hemos salido, hallaremos el desvío señalizado a la ermita de la Virgen de los Reyes; se trata de la pista que discurre por el cordal cuyos primeros 3,5 km están asfaltados.

Si en la bifurcación después de Hoya del Morcillo seguimos recto, en algo más de 1 km estaremos en la carretera que va de San Andrés a La Restinga con lo que habremos cerrado el circuito alrededor de la isla.

Sabina milenaria.

Bajando hacia La Restinga, antes pasaremos por el pueblo de El Pinar y más adelante dejaremos el desvío que va a *Tacorón*, pequeña cala con área recreativa; a 800 m se encuentra la cueva del Diablo, que se puede visitar.

En **La Restinga** hay un pequeño puerto y varios restaurantes donde degustar pescados.

Para completar nuestro paseo por El Hierro sólo nos resta ir hasta **La Estaca**, puerto donde atracan los ferrys procedentes de las otras islas y desde el que una carretera nos conducirá en 11 km hasta el Parador de Turismo, con la posibilidad de disfrutar de la vista al impresionante **Roque de la Bonanza** y algunas playas, como la de Tijimiraque.

Romería de la Virgen de los Reyes.

RUTAS POR HIERRO

Pinar en el Júlan.

Numerosas son las posibilidades que ofrece esta isla para los amantes del senderismo; algunos caminos discurren por fuertes pendientes por lo que habrá que pensar en afrontarlos de bajada, y otros son simples paseos entre frondosos bosques de pino canario, hayas o laurisilva.

Uno de los itinerarios es el que va de Valverde a Tamaduste, de unos 6 km de recorrido (2 h), el de la ermita Virgen de la Peña a Las Puntas, en Frontera (4 km, entre 1 h y 2 h) y el que nos lleva de Las Casas en El Pinar hasta Isora (5,5 km, 2:30h). Algunos de estos itinerarios tienen marcado su lugar de inicio, pero les falta señalización a la largo del recorrido. A continuación, describiremos un par de ellos que seguro harán la delicia de los amantes del *trekking*.

RUTA 1 : CAMINO DE JINAMA

Comienza el camino en el **Mirador de Jinama** a una altura de 1.230 m, desde el que se divisa una vista impresionante sobre El Golfo. Este lugar está situado en la TF-912 entre San Andrés y Frontera.

A partir de un tronco de sabina en forma de arco, existente en la entrada del sendero, parte el camino, que no se encuentra bordeado por muros que lo delimiten; la vegetación, por un lado, y el escarpe rocoso, por el otro, hacen ese trabajo. El empedrado será el firme que nos acompañe la mayor parte del camino, que en sus inicios atraviesa un bosque de laurisilva. A la izquierda del sendero, a unos 400 m, llegaremos a una zona de descanso, con varias mesas y sillas de piedra. A unos 850 m del inicio nos encontraremos una gran pared cubierta de musgos, helechos y otras plantas propias de ambientes húmedos, efecto del agua que mana de la gran brecha abierta en la pared.

Después de 1,8 km encontraremos la **Fuente de Tincos**, que ha dado de beber a todo el que subía o bajaba por este camino real, por lo que es conocida desde antiguo. Unos treinta metros más abajo hay un gran paredón vertical conocido como Hoyo

Cordal de la isla.

de Tincos. A partir de aquí vuelve el empedrado, con una pequeña subida que no entraña gran dificultad y a la que sigue una bajada bastante pronunciada. A la derecha del camino, aproximadamente a 3,5 km de distancia, veremos una cruz de madera sobre una piedra, forma tradicional con la que los herreños recuerdan a sus difuntos. Un poco más abajo aparece un único y gran ejemplar de pino canario.

A 3,6 km de distancia del Mirador de Jinama finaliza el sendero, muy cerca de una cartel de madera que indica «Camino de Jinama». Atravesaremos una pista de tierra para continuar por un trozo empedrado. Doscientos metros más adelante comienza una pista asfaltada que nos llevará a la carretera general, ya dentro del pueblo de **Frontera**.

Las Puntas en Frontera.

RUTA 2: SABINOSA-LA DEHESA

El comienzo de este sendero lo encontramos en el pueblo de **Sabinosa**, situado en el extremo occidental del valle de El Golfo.

A medida que ascendemos, sin gran dificultad, podemos apreciar a la derecha una panorámica sobre el pintoresco pueblo de Sabinosa, cuna del folclore herreño, y hacia la izquierda y mirando al mar podemos ver el Hotel-Balneario Pozo de La Salud y parte de la Hoya del Verodal.

Rebaño cerca de Sabinosa.

Recorridos 2 km llegaremos a la cumbre del escarpe de Sabinosa. Cambiamos de vertiente unos 40 m más adelante, hacia la zona de la dehesa comunal (lugar de carácter público en el que los ganaderos dejan sueltos a los animales para que se alimenten). Continuaremos por la pista de tierra que sigue en línea recta. Esta zona de **La Dehesa** se caracteriza por las continuas subidas y bajadas, aunque pequeñas, que siguen el relieve montañoso.

Llegaremos a un cruce de cuatro caminos, en el que el muro izquierdo es sustituido por alambradas con troncos, y más adelante a otro cruce de iguales características donde tomaremos el camino de la derecha. Desde aquí hasta el **santuario de Nuestra Señora de Los Reyes** coincide con el tradicional Camino de la Virgen, por el que discurre la romería que en honor a la patrona de los herreños se celebra cada cuatro años.

Después de dejar atrás dos cancelas, el camino va a dar a una pista de tierra que conduce, hacia la derecha, a **El Sabinar** y al **mirador de Bascos**, y por el lado contrario va hasta el santuario.

El paisaje volcánico de la superficie tiene continuidad en los fondos submarinos de El Hierro, lo que proporciona

excelentes inmersiones. En la página izquierda, el Júlan, Punta Gorda y el Roque de la Bonanza.

TURISMO RURAL

Las ofertas de turismo rural en esta isla está empezando a despuntar; la **Central de reservas Meridiano Cero** (Tel. 922 55 60 41) ubicada en el mismo edificio que el Patronato de Turismo en Valverde, se encarga de canalizar todas las reservas. De las casas existentes hemos seleccionado una decena, que les ofrecemos a continuación.

FRONTERA

• Casa Los Llanillos

En el pueblo de Los Llanillos del municipio de Frontera, por el camino que va al Charco Azul, se llega a esta casa tradicional canaria de color ocre rodeada de un bonito jardín con terraza.

En la parte de arriba están el salón-comedor y la cocina, mientras que abajo hay una habitación y el cuarto de baño.

• Casa Pepe Luis

También en Los Llanillos, como la anterior, se encuentra esta casa, que disfruta de unas maravillosas panorámicas del valle. Está compuesta por dos pequeños edificios de la típica piedra volcánica del país. En uno se dispone la cocina americana, que comparte espacio con el salón-comedor y al lado, por una puerta independiente, se accede al cuarto de baño. Junto a este edificio se encuentra el otro, con un par de habitaciones, ambas con acceso desde el exterior.

El conjunto está rodeado por un cuidado jardín con una terraza, desde la que se disfruta de espectaculares puestas de sol en verano.

• Casa Jorge

En el barrio de Las Toscas, rodeada de huertas y árboles frutales, se encuentra esta casa rural herreña de finales del siglo pasado que ha sido rehabilitada conservando el estilo tradicional.

Desde un pequeño patio se accede a la cocina, al cuarto de baño y al salón-comedor, del cual, por una escalera interior, se llega a las dos habitaciones, que están comunicadas entre sí, a la vez que gozan de una salida exterior independiente. La casa se encuentra a 500 m del centro de Tigaday y disfruta de muy buenas panorámicas.

• Casa Isidoro

Se trata de una típica casa rural herreña de dos pisos, con dos terrazas (delantera y trasera) y un pequeño jardín, situada en el caserío de Los Mocanes.

Abajo están el garaje y una habitación con un pequeño cuarto de baño, mientras que en el piso superior se disponen la cocina, el cuarto de baño, la sala de estar y otra habitación.

ISORA

• Casa El Alacrán

Pequeña pero original construcción de finales de siglo, de hermosa arquitectura, con mobiliario moderno, situada en el pueblo de Isora, al Este de la isla.

Consta de una habitación, cocina-comedor, cuarto de baño y amplia terraza.

MONACAL

• Las Guindas

En el barrio de Tesbabo cerca del pueblo de Mocanal al Norte de la isla, se encuentra esta casa tradicional que consta de dos plantas. En la de arriba está el dormitorio con una terraza, mientras que abajo se encuentran la cocina-comedor y el cuarto de baño.

• Casa Javier

Muy cerca de la anterior, en el paraje denominado Betenama, a 1 km de la carretera, por la calle que parte junto a la iglesia de San Pedro, se llega a esta casa tradicional (hay que tomar un corto sendero). Consta de cocina-comedor, salón con estufa de leña desde el que se llega al dormitorio situado en un altillo y patio exterior con barbacoa.

SAN ANDRÉS

• Tesón I y II

En este pueblo de situado en la parte alta de la isla, se ubican estas dos casas de arquitectura tradicional que comparten zona de césped y árboles frutales.

Una de ellas tiene capacidad para dos personas (una sola habitación), mientras que la otra posee dos estancias. Además, ambas tienen cocina-comedor y, por supuesto, cuarto de baño.

• Casa Antonio

Cerca de las anteriores y junto a un camino asfaltado, se encuentra esta casa rural rehabilitada, con dos habitaciones (una de ellas individual), salón, cocina-comedor, cuarto de baño y terraza exterior por la parte trasera.

HOTELES SINGULARES

Ya hemos dicho al principio que la oferta hotelera en El Hierro no es muy numerosa; en total hay unas 1.000 camas, la mayoría de ellas repartidas en pequeños complejos de apartamentos.

• Hotel Ida Inés

Es un hotel de dos estrellas situado en el casco urbano de Frontera con un cierto encanto y cuidada estética. Tiene 22 habitaciones, algunas de ellas con terraza y otras con balcón; dispone de bar-cafetería y piscina.

DIRECCIÓN

Hotel Ida Inés - El Hoyo
Frontera - Tel. 922 55 94 45

• Hotel Punta Grande

El edificio construido sobre un embarcadero que data del año 1884, ha sido rehabilitado como hotel de dos estrellas; cuenta con sólo cuatro habitaciones, hecho por el cual figura en el Libro Guinness de los récords como el hotel más pequeño del mundo (aunque parece ser que últimamente ha aparecido uno con sólo una habitación).

Noemí es una italiana que hace 33 años descubrió El Hierro y hace 11 que regenta este hotel, que cuenta además con una sala de estar con terraza y un restaurante donde sólo se sirven cenas y no más tarde de las 20:30 h.

La decoración, el ambiente marinero, las velas y la música romántica hacen todo lo demás, sobre todo si se está en una buena compañía.

Noemí tiene también 16 apartamentos con capacidades entre 2 y 4 personas, todos con cocina, salón-comedor y terraza.

DIRECCIÓN

Hotel Punta Grande - Las Puntas
Frontera - Tels. 922 55 90 81 - 922 55 92 03

• Hotel Pozo de la Salud

Desde siempre fueron apreciadas las aguas de este balneario, beneficiosas en procesos circulatorios, del aparato digestivo, en tratamientos dermatológicos y reumáticos. Un equipo médico controla los programas terapéuticos, tanto de agua bebida, baños, vapores, lodos, hidrocolon, osteopatía y quiromasaje, que pueden seguir tanto los residentes en el hotel como los externos.

Uno de ellos es el llamado baño tradicional de Sabinosa que ha conservado las pautas que se venían aplicando desde antaño: beber agua en ayunas como efecto purgante, baño a temperatura durante 15 minutos, caldo de pollo reconstituyente y reposo en la cama para eliminar toxinas.

El edificio actual es obra del arquitecto José Miguel Márquez y propiedad del Cabildo. Tiene 19 habitaciones con cuarto de baño, televisión, teléfono e hilo musical, restaurante con menú de diez platos a escoger, piscina exterior y gimnasio.

DIRECCIÓN

Hotel Pozo de la Salud
Sabinosa - Tel. 922 55 95 61

• Parador de Turismo de El Hierro

Este Parador de Turismo de tres estrellas se alza junto al mar frente al Roque de La Bonanza y se llega hasta él por una carretera que sale del puerto de La Estaca.

Los temporales del invierno de 1999 habían causado graves desperfectos en sus instalaciones y en el momento de realizar esta guía todo el edificio estaba sometido a una remodelación. Tiene 47 habitaciones con todo tipo de servicios, restaurante con especialidades locales y una bonita piscina.

Dirección

Parador de Turismo de El Hierro
Las Playas - Tel. 922 55 80 36

GASTRONOMÍA

Dos productos diferencian esencialmente esta isla de las otras: el queso herreño y el vino de Frontera. Del primero se producen las famosas quesadillas, un dulce que se toma en los postres.

El vino cuenta con denominación de origen propia, tanto para blancos como para rosados y tintos; la bodega está en Frontera, municipio de donde procede la mayoría de la uva.

De entre los restaurantes, hemos seleccionado en Valverde **Casa Goyo**, Tel. 922 55 12 63, con cocina criolla; **Bimbache**, Tel. 922 55 12 86, con especialidades canarias; y **Casa Luis**, Tel. 922 55 15 60, con buena comida casera. En La Restinga tenemos donde escoger: **El Refugio**, Tel. 922 55 70 29; **Casa Juan**, Tel. 922 55 80 02; y **El Ancla**, Tel. 922 55 70 63; en todos ellos hallará buen pescado y algunas especialidades de la cocina tradicional.

En el municipio de Frontera, en Cruz Alta tenemos **El Guanche**, Tel. 922 55 90 65, especializado en cocina tradicional y **El Artero** Tel. 922 55 50 37, junto a la carretera entre Tigaday y Los Llanillos, con raciones abundantes y bien elaboradas. Mención aparte merece el restaurante situado en el **Mirador de la Peña**, Tel. 922 55 03 00, en manos de la Escuela de Hostelería Canaria, que ofrece cocina tradicional con toques creativos

Vinos de Frontera.

TURISMO ACTIVO

• Parapente

El Hierro es una isla ideal para la práctica del parapente; una vez al año se organiza una concentración que reúne a participantes de diversos países. En el cordal montañoso del centro de la isla se encuentran los lugares ideales para el salto, como Malpaso y Tenerife II. A pesar de estas buenas condiciones para el vuelo, no hay ninguna empresa que oferte los servicios para los aficionados, aunque sí un club.

Club Parapente Guelillas de El Hierro. Tel. 922 55 10 05 (Valverde)

• Pesca

En el puerto de La Restringa hay un centro que se dedica a la pesca de altura.

Club de pesca Alegranza, Tel. 922 55 70 38.

• Submarinismo

Las características de las aguas de El Hierro, y sobre todo los acantilados, hacen de esta isla el lugar ideal para la práctica de la inmersión con escafandra autónoma.

Se puede bucear durante todo el año ya que la temperatura del agua se mantiene entre los 18 y 23 °C, y la visibilidad es de 30 a 50 m, una verdadera delicia que a veces llega a impresionar por la verticalidad del escarpe rocoso, ya que prácticamente no hay plataforma litoral.

Fauna submarina.

Puerto de La Restinga.

En el llamado Mar de las Calmas se puede practicar la inmersión todo el año, reservando la zona Norte de la isla (los Roques de Salmor) para la época comprendida entre junio y septiembre.

El puerto de La Restinga, aunque parezca mentira, es uno de los lugares más frecuentados, ya que en la punta de la escollera los pescadores echan los desperdicios del pescado; esto hace que acuda numerosa fauna acuática, lo que hace las delicias de los buceadores.

De todas maneras, para disfrutar de buenas inmersiones en El Hierro hay que tener un poco de práctica en este deporte. Varias empresas, la mayoría con lancha neumática, se dedican a ofertar sus servicios al aficionado, y alquilan equipos con monobotella de 12 l y 15 l. De todas ellas, **El Submarino**, con Jaime Canomanuel al frente fue la pionera y probablemente la que nos ofrece mejores garantías; también es la única especializada en fotografía submarina (organiza cada año el Open Fotosub Isla de El Hierro e imparte cursos con Carlos Minguell, bicampeón del mundo de esta especialidad). Alquilan «torpedos» por si a usted no le apetece mover las aletas, y poseen una embarcación de 9 m de eslora con un motor de 230 CV. **El Tamboril**, además, oferta actividades de senderismo y bicicleta de montaña.

Para accidentes de descompresión se utiliza la cámara hiperbárica situada en el Hospital Universitario de Tenerife (véase el capítulo correspondiente).

Base de buceo El Submarino. Tel. 922 55 70 68 (La Restinga)
Centro de buceo El Hierro. Tel. 922 55 70 23 (La Restinga)
El Tamboril. Tel. 922 55 11 10 (La Caleta)
El Hierro Sub. Tel. 922 55 04 82 (Las Playas)

Faro de Orchilla, extremo meridional de España.

Gran Canaria

Patronato de Turismo, c/ León y Castillo, 17. Tel. 928 36 24 22 - 928 36 22 22 (Las Palmas de Gran Canaria)

Patronato de Turismo, Turismo rural, c/ Bravo Murillo, 13-2ª (Las Palmas de Gran Canaria)

Oficina de Turismo, plaza Ramón Franco, s/n. Tel. 928 24 46 23 (Las Palmas de Gran Canaria)

Lanzarote

Cabildo Insular, c/ León y Castillo, 6. Tel. 928 81 01 00 (Arrecife)

Patronato de Turismo, Tel. 928 80 15 17 (Arrecife)

Fuerteventura

Patronato de Turismo, c/ Primero de Mayo, 37. Tel. 928 85 10 24 (Puerto del Rosario)

Tenerife

Consejería de Turismo, Tel. 922 23 95 84 - 922 47 35 00 (Santa Cruz de Tenerife)

Patronato de Turismo, Tel. 922 60 58 00 - 922 60 55 92 (Santa Cruz de Tenerife)

Información Turística, Tel. 922 23 95 92 (Santa Cruz de Tenerife)

Información Turística, Tel. 922 38 60 00 (Puerto de la Cruz)

Información Turística, Tel. 922 79 76 68 (Playa de las Américas)

La Gomera

Patronato de Turismo, c/ Real, 4 y 18. Tel. 922 14 01 47 (San Sebastián de La Gomera)

Información Turística, Tel. 922 14 40 25 (Hermigua)

Información Turística, Tel. 922 80 54 58 (Valle Gran Rey)

La Palma

Cabildo Insular, Av. Marítima, 3. Tel. 922 41 19 57 (Santa Cruz de La Palma)

Oficina de Turismo, c/ Real, 22. Tel. 922 41 21 06 (Santa Cruz de La Palma)

El Hierro

Patronato de Turismo, c/ Dr. Quintero Magdaleno, 4. Tel. 922 55 03 02 (Valverde)

Bibliografía

- *Islas de fuego y agua,* Marcos Báez y Lázaro Sánchez. Edirca, 1983.
- *Imagen de Canarias,* Juan Cruz, Ed. País-Aguilar, 1992.
- *Gran Canaria y los canarios,* José Juan Jiménez. Centro Cultura Popular Canaria, 1992.
- *Piratería y ataques navales contra las islas Canarias,* Antonio Rumeu. CSIC, 1992.
- *Canarias siglo XX,* varios autores. Edirca, 1983.
- *Arquitectura canaria,* Francisco Galante. Edirca, 1989.
- *La lucha canaria,* Salvador Sánchez. Edirca, 1988.
- *Noticias Generales Históricas sobre la Isla del Hierro,* Dacio Victorian Darías. Cabildo de El Hierro, 1988.
- *El Garoé, leyenda del árbol del agua,* Emilio González. Centro Cultura Popular Canaria, 1996.
- *Los Guanches que sobrevivieron y su descendencia,* José Luis Concepción. Asociación Cultural de las Islas Canarias, 1982.
- *Diccionario Enciclopédico de Canarias, "Pueblo a pueblo",* José Luis Concepción, Asociación Cultural de las Islas Canarias.
- *Senderos Rurales de Tenerife.* José Luis Concepción. Asociación Cultural de las Islas Canarias, 1997.
- *Guía de Senderos de Gran Canaria.* Cabildo Insular de Gran Canaria, 1995.
- *Caminos Reales de Gran Canaria.* Cabildo Insular de Gran Canaria, 1995.
- *Canarias, Guía de Ecosistemas y Espacios Naturales Protegidos.* Francisco Santolalla. Ed. Rueda, 1997.